医 者

Dr. Wu Lien Teh

方蕾亚 师永恒 著

伍 连 德

华文出版社
SINO-CULTURE PRESS

图书在版编目（CIP）数据

医者伍连德 / 方蕾亚，师永恒著. -- 北京 : 华文出版社, 2025. 3. -- ISBN 978-7-5075-6039-8

Ⅰ. K826.2

中国国家版本馆 CIP 数据核字第 2024KQ6685 号

医者伍连德

作　　者：	方蕾亚　师永恒
责任编辑：	方昊飞　王　彤
出版发行：	华文出版社
地　　址：	北京市西城区广外大街 305 号 8 区 2 号楼
邮政编码：	100055
网　　址：	http://www.hwcbs.cn
电　　话：	编 辑 部 010-58336252　010-63428314
	总 编 室 010-58336239　发 行 部 010-58336202
经　　销：	新华书店
制　　版：	北京禾风雅艺文化发展有限公司
印　　刷：	北京新华印刷有限公司
开　　本：	720mm×1000mm　1/16
印　　张：	15.75
字　　数：	200 千字
版　　次：	2025 年 3 月第 1 版
印　　次：	2025 年 3 月第 1 次印刷
标准书号：	ISBN 978-7-5075-6039-8
定　　价：	68.00 元

版权所有，侵权必究

序

史海流芳，国士无双
——再记伍连德先生

为《医者伍连德》撰序之际，心怀敬仰。前曾著《伍连德画传》，与伍美瑞、伍忠豪共述其祖父伍连德先生之辉煌历程。星联公（伍连德，字星联），中国现代医学之肇启者，公共卫生之领航人，其一生犹如夜空中的星，照亮了中国医学探索的征途。

星联公诞生于海外异域，博学于英国剑桥，虽历经种族偏见与歧视，然其心中之志，犹如磐石，坚定不移。他以医学为使命，矢志不渝，誓以仁心仁术，解救天下苍生。在清末民初那风雨飘摇的岁月里，星联公挺身而出，临危受命，领导东北防疫大局，力挽狂澜，使无数生灵免于浩劫。其赫赫战功，铭记史册，永垂不朽。

星联公之伟大，还在于乘防疫成功之威，打开当时封闭落伍的中国的大门。民国之初，星联公一纸《上政府拟改组全国医学教育之条陈》，如同火种引燃中国现代医学之薪柴。此后，他成立"中华医学会"，筹建"北京中央医院""北京协和医院"，现代医学在中国也渐成燎原之势。星联公之成功不仅在于其医术之精湛，更在于其广阔的胸襟与卓越的交际能力。他结交广泛，人脉深厚，与国内外医学界、教育界、政界的众多精英人士建立了深厚的友谊与合作关系。这些交往，不仅为他的医学研究提供了丰富的资源与灵感，更为中国医学事业的国际化发展奠定了坚实的基础。

更为人称道的，是星联公在公共卫生领域的卓越贡献。面对近代中国海港检疫权长期被列强把控的局面，他挺身而出，致力于收回海关检疫权，建立中国自主的国境检疫系统。1928年，星联公向政府提交了收回检疫权的提案，并得到批准。他亲自担任全国海港检疫管理处处长和上海海港检疫所所长，以及上海霍乱防疫事务所主任，主持收回海港检疫权的工作。在他的努力下，中国逐步收回了各口岸的检疫权，建立了自己的海港检疫机构。这一壮举，不仅彰显了他强烈的民族责任感与爱国情怀，也为外防疫病输入、保护国民健康，打造了坚实盾牌。

他深知，中国医学欲在世界医学之林立足，必当深挖本土医学之宝藏，扬长避短，方能独树一帜。于是，他投身于医学史研究，与挚友王吉民并肩作战，共同撰写《中国医史》，从而"保存国粹，矫正外论"。此书问世，举世瞩目，填补了中国医学史研究之空白，为后世学者提供了宝贵的财富与指引。同时，他也积极与国际医学界交流，将中国医学的成果与智慧推向世界舞台。

今日，吾辈重温星联公之传奇人生，不禁感慨万千。他的一生，既是医者救死扶伤的写照，也是学者探索真理的缩影。他用自己的实际行动，诠释了"医者仁心，大爱无疆"的崇高精神。为此，1935年，他被推荐为诺贝尔生理学或医学奖候选人，他也成为荣获诺贝尔奖提名的第一个中国人，其精神与事迹，将永远激励吾辈在科学道路上奋勇前行。

在此感谢作者方丽丽女士与师永恒先生，他们深入挖掘伍连德先生的生平事迹，甚至远赴马来西亚与新加坡搜集资料，从而成功著得此书。愿以此书缅怀前辈伍连德先生，愿其精神永存，愿中国医学之花在世界舞台上绽放得更加璀璨夺目！

黄建堃

2024年12月1日

目录
CONTENTS

序　史海流芳，国士无双——再记伍连德先生

1. 诞生于槟榔屿：开启传奇人生　　　　　　　001

2. 跨越重洋：远赴英伦的求学岁月　　　　　　009

3. 初返马来亚：剑桥医学之光的波折　　　　　024

4. 踏上中华大地：开启中国卫生事业新篇章　　038

5. 东北鼠疫：中国科学防疫第一人　　　　　　046

6. 学术丰碑：肺鼠疫研究的卓越贡献　　　　　089

7. 人定胜天：坚忍不拔的医学家　　　　　　　101

8. 奉献与执着：在防疫事业中不懈追求　　　　125

9. 培育英才：中国现代医学教育先驱　　　　　　152

10. 医疗先锋：构筑中国现代化医院、医学院　　　164

11. 海港检疫管理处：守护国门与民众安全　　　　185

12. 重返南洋：在马来亚的晚年时光　　　　　　　198

13. 引领世界舞台：公益为怀的学问家　　　　　　212

14. 家庭与亲情的纽带：家庭故事与情感世界　　　224

得之于人　用之于世　医学家伍连德自述　　　　242

1.

诞生于槟榔屿：开启传奇人生

马来西亚[①]的槟榔屿，是一个神秘而美丽的海岛。这里有着碧蓝的海水，细腻的沙滩，郁郁葱葱的植被，丰富的野生动物资源，更有着丰富的人文历史。槟榔屿作为多元文化的交汇地，华人的传统文化和马来人独有的当地文化在这里相互交融，形成了一种独特的文化氛围。在岛上，人们既可以感受到华人的传统习俗，也可以感受到马来人的热情和友好。多元文化的融合让槟榔屿成为一个充满活力和魅力的地方。此外，槟榔屿还充满传奇色彩。这里曾经是海盗的巢穴，也是英雄反抗英国殖民者的战场。如今，这些历史故事成为槟榔屿独特的文化遗产，使得槟榔屿的名字中带着神秘的气息，让人忍不住想要探索它的每一个角落。而它的每一个角落，似乎也彰显着一种力量，这种力量既源于其自然风光，也源于其丰富的人文历史。

在槟榔屿的历史中，伍连德的贡献无疑占据重要的地位。伍连德，这个名字在20世纪初的中国和东南亚的医学界如雷贯耳。而他的成就、贡献和影响力，绝不局限于医学领域，更遍布政治、教育和文化等多个领域。伍连德的一生与槟榔屿紧密相连，而槟榔屿也见证了他从一个普通的华人

[①] 马来亚联合邦于1957年宣布独立。1963年9月16日，马来亚联合邦同新加坡、沙捞越、沙巴组成马来西亚联邦（1965年新加坡退出）。文中伍连德生活的年代，马来西亚仍用旧称马来亚。——编者注

少年，成长为一位享誉世界的医学家和公共卫生专家的历程。

伍连德，1879年3月10日出生于英属海外殖民地马来亚槟榔屿。这个位于马来亚西北部的小岛，当时既有英国人的定居点，也有华人社区。伍连德是伍祺学和林彩繁夫妇的第四个儿子，在家中的十一个孩子里，他排行第八。家中的儿子们属连字辈，前面三个儿子分别是连胜、连兴、连发，伍祺学为这个新出生的儿子取名连德。不知道是否因为伍祺学本身也行四，所以他在为第四个儿子取名的时候，似乎特别注入了一些美好期望。

伍连德的父亲伍祺学在槟榔屿的中华街上开了一间金铺，一家人的生活过得还算富足。在这间伍祺学租下的房子里，楼下是金铺，人来人往，楼上则是一家人生活、居住的地方。

19世纪末期的马来亚是纷乱的，各民族混居，移居至此的华人也各自拥有不同的生活背景，多数是讲粤语的广东人、讲闽南语的福建人，还有些客家人，他们在这里仍坚守着自己在中国时的生活习俗。除华人外，这里还有高傲的英国人，衣着艳丽的印度人，以及少数靠打鱼为生的马来人。这里不仅有民族的区分，也有阶层的区分——富人和穷人、殖民者和被殖民者。在槟榔屿这个特殊的环境中，伍连德从小就接触到不同的语言和多元的文化。这使得他自童年起便养成了平等、包容的生活态度，以及善于和不同民族、不同背景的人打交道的能力。他也因此熟练掌握了汉语、英语和马来语等多种语言，这为他日后的学术和职业生涯打下了坚实的基础。

伍连德的童年是平静而愉快的。金铺生意热闹而纷繁，幼年的伍连德常常被姐姐和店员带到楼下或者街上玩耍。他也常常被自家阿叔背着走街串巷，去感受和触碰这个世界：早晨去打探市场上各类用品的价格和用途，晚上去观音庙前看各式街头演出。最令伍连德印象深刻的是离家不远处那座香火旺盛的观音庙，以及一年之中最盛大的节日——中国春节。平日，小伍连德观察众多香客向中国的神明求占问卜，而到了春节，他又能

伍连德的父亲伍祺学（1832—1916）　　伍连德的母亲林彩繁（1844—1908）

整整两周全身心地沉浸在华人的重大庆典里。这些极具中华美学的传统仪式，建立起了他的民族归属感。

华人在槟榔屿的历史最早可以追溯到东晋，唐朝时便有华人在此定居，而槟榔屿的命名也是沿用了记载在《郑和航海图》中的名字。槟榔屿环境宜人，物产丰富，来自中国福建和广东的移民经过几个世纪的迁徙融合，让槟城①成为马来西亚华人占比最多的一个州，并且形成了独特的海外华人文化。

伍连德出生之时正值中国清朝晚期。1909年，清政府颁发《大清国籍条例》，第一章第一条即规定："凡下列人等不论是否生于中国地方均属中国国籍。（一）生而父为中国人者。（二）生于父死后而父死时为中国人者。（三）母为中国人而父无可考或无国籍者。""生而父为中国人者"，

---

① 槟城，旧称"乔治市"，为马来西亚槟榔屿州首府。——编者注

即父亲是中国人，子女无论何地出生、何地生活均被认同为中国人。具有中国国籍的男子的子女，若出生地在国外，其取得所在国国籍的同时也取得中国国籍，也就是被承认拥有双重国籍。当时，这一条例让身处海外、心系祖国的华侨及其后代，更加发自内心地认同自己永远都是中国人。

伍祺学和林彩繁都是华侨，二人对孩子的教育也带着浓厚的中国传统文化的烙印，时常教育子女不能忘记自己的根在哪里。随着伍连德渐渐长大，一家人围坐吃饭或闲暇无事时，好奇的他也会常常缠着父亲、母亲或者哥哥、姐姐，央求他们再讲一讲上一代人的故事。

18世纪中期，中国广东沿海一带便有人出海闯世界。有的人漂洋过海到北美洲或大洋洲淘金，有的人背井离乡到南洋谋生。原籍广东新宁（今广东台山）的伍氏一家也不例外。伍家行四的儿子伍祺学是一位有勇气的年轻人。在那个时代，人们背井离乡大多是生活所迫。按照习俗，伍祺学的大哥和姐姐们留在了家乡，二哥三哥则远渡北美成了华工，收入很低，仅能自保。16岁的伍祺学听说南洋是一块富饶的宝地，赚钱很容易，而且气候宜人，终年无冬，便决定独闯南洋。

伍祺学刚到槟榔屿时，行李只有一张草席和一个枕头。然而，幸运的是他很快就进入了一家金店做学徒，几年后他学成手艺，自己开了金铺，雇用了几位助手专门制作当地女子佩戴的各种首饰。由于手艺好，他制作的金银饰品玲珑精美，样式新颖、别致，深受当地妇女的喜爱。渐渐地，顾客越来越多，生意越发兴隆，他也成为家族中唯一能照应、接济父母和兄弟姐妹的人。这一年，伍祺学这位闯南洋的佼佼者到了26岁的年纪，业已立但家未成，是时候给店铺找个老板娘了。这时，有人给他介绍了同是华侨的林家。

林家祖上也是从广东来南洋闯荡并扎根于此的。林彩繁的父亲林道解出生于广东新会，娶了一位槟榔屿本地出生的客家女子郭氏，第一胎生下的孩子就是女儿林彩繁。林道解夫妇不甚满意，此后一连生了五个儿子，接着又生了两个女儿和一个儿子。大女儿林彩繁一直承担着照料六个弟弟和两个妹妹的重任，出嫁后也时常帮助娘家。

也许是林彩繁有特别的育人之道，她曾照料多年的六个弟弟各自都有不凡的成就。林家六兄弟都曾在长大后回到祖国，同在清政府水师服役，这是十分罕见的。长弟林国祯退伍后回到槟榔屿，成了政府译员；二弟林国祥担任"广乙"舰管带，参与中日甲午战争，后又被清政府派往英国，在英国的纽卡斯尔停留了三年时间，监督造船；三弟林国裕在中日甲午战争中与邓世昌一道英勇牺牲，成为北洋先烈；四弟林国礼回到马来亚，定居霹雳州；五弟林国湖留在福州担任海军军官；小弟林六经回到马来亚后，依靠过人的经商头脑，成了槟榔屿的首富。

福州船政学堂第一届学生合影。二排左起第四人为林国祥，第五人为邓世昌

伍祺学与林彩繁十分重视教育，认为教育能够改变一个人的命运，也能够提升整个家族的地位。伍家的孩子们在父母的养育下，都十分优秀。长子回到祖籍广东，成为伍家"大家长"。次子进入英语学校，三子进入中文学校，两人分别在年少时就显露出非凡的学习能力。几个女儿纵使生活在当时重男轻女的社会，也在林彩繁的教导下成长为或精明能干，或贤惠善良的优秀女性，三女林月清甚至有机会接受了教育。父亲仁义忠厚，母亲育人有道，伍连德的亲人们为他树立起非常好的人生榜样，影响和激

励着他一步步走向"传奇"。

1886年，7岁的伍连德到了入学的年纪，虽然家里开着金铺，但要养活一大家子人，以及接济亲属，开销实在不小。伍连德上不了学费昂贵的私学，就进入英国人在槟榔屿设立的公立学校——大英义学（Penang Free School），在那里接受教育。大英义学建于1816年，它的优点是每月仅收极少学费，对贫困学生可以减免，师生的思想与信仰也比较自由。在校期间，由校长、英国人威廉·哈格里夫斯老师亲自教授学生英语、文学、历史。伍连德在这所学校接受了十年的教育，接触到西方的现代科学和文明。

伍连德从小学习刻苦。家中没有专门用于学习和睡眠的房间，他就在店铺后面找个能放下一张小桌子和一把椅子的空间。没有电灯，晚上吃饭时一家人会点一盏煤油灯，他就借着这点儿亮光学东西；吃完饭以后就不准再点煤油灯了，伍连德便只能靠一个小小的椰油灯看书。尽管生活朴素，但伍连德的童年是快乐的。他深受哈格里夫斯老师的影响，喜欢阅读

今日的大英义学（Penang Free School）校门。伍连德于1886年至1896年在这里接受教育

各种书籍，从科学到文学，从历史到哲学，这些书籍为他打开了一个全新的世界。此外，他还喜欢参加各种活动，如社区的庙会和庆典等。这些活动不仅让他感受到生活的乐趣，还让他接触了不同的文化和人群。这一切深深地激发了他对知识的渴望和对生活的热爱，而这种渴望和热爱也帮助他日后在医学和公共卫生领域取得了显著的成就。

少年时期的伍连德学习成绩一直很好。1885年，槟城总督史密斯爵士设立了英女皇奖学金，每年集中东南亚优秀学生到新加坡进行一次会考，其中前两名的优秀学生可被授予每人每年200英镑奖学金，共四年，并提供去英国的船票，目的是鼓励学生继续求学，让有潜力的学子有机会赴英国进一步深造。这几乎是华人子弟唯一的上进途径，竞争十分激烈。即使伍连德刻苦勤勉，学习成绩优异，也是在参加了四次考试后才获得这份珍贵的机会。1893年，14岁的伍连德名列第八；1894年，他名列第五，得到政府颁发的奖金50英镑；1895年，他考取第二名，但由于岁数太小，未达到留学年龄，所以不能领取奖学金，不过得到了180英镑的政府奖金；1896年，17岁的伍连德考取了当年唯一的英女皇奖学金名额，获得去英国读书的资格。

这是一件非常难得的好事情，但当时有一部分亲戚反对伍连德只身前往英国，怕他赴英留学后会脱离家庭，还需要剪掉脑后的辫子——这将使他失去中国人的身份，更怕伍连德会娶一位英国女子回来。然而，伍连德的二哥伍连兴非常支持他去英国。当时伍连兴正在槟城地方法院任副翻译官，见多识广，眼界更高一些，他力排众议，竭力支持伍连德出国留学。在伍连德的坚持和二哥的支持下，伍家父母最终同意了。

那么，出国该学什么呢？伍连德考虑再三。他想起自己小时候曾遭受病痛折磨几近丧命的经历，又看到当地平民缺医少药的情景，决定学医，为民服务。他向自己钦佩的哈格里夫斯校长请教，哈格里夫斯将伍连德介绍给了自己的朋友、槟城的首席行政长官威尔金森先生。威尔金森建议伍连德选择一所小型且费用较少的学院，例如剑桥大学伊曼纽尔学院，这样他不仅可以得到导师们更多的关注，而且结交的朋友也大多比较节俭。不过，威尔金森也提到，获得医学学位是相当困难的，不要企图找捷径，如果他真的热爱这个职业，有志于此，不妨一试。威尔金森还热情地表示，如果伍连德愿意接受他的建议，他将即刻写推荐信给该学院的领导。伍连德认真听取了威尔金森的建议，回家后便马上给有关部门写了一封信，申请进入英国剑桥大学伊曼纽尔学院。在新加坡教育部的帮助下，伍连德办好了入学等相关手续。

2.

跨越重洋：远赴英伦的求学岁月

  1896年8月7日，伍连德告别家人，登上了去往英国的轮船。他先乘坐半岛和东方蒸汽航行公司（P&O Ferries）的"北京号"轮船，历经五天抵达锡兰（今斯里兰卡）的科伦坡，再换乘"巴拉拉特号"前往伦敦。

  这趟独自远航的经历，在年幼且孑然一身的伍连德心中留下了深深的印记。适应英国这个遥远国度的异乡生活这件事，从伍连德踏上轮船时就开始了。"巴拉拉特号"上是全英制的服务配置，所有职员——从服务人员到技术人员，无一不是英国人，良好的秩序和高效率更是随处可感。在这次远航中，伍连德细心观察着船上的工作流程、服务模式、礼仪规范、物品餐食，以及人与人之间的相处和沟通。他对这些新事物形成了自己的思考，默默地从中学习到了许多东西。在轮船进入直布罗陀海峡前，伍连德做了一个重要的决定——剪去脑后那根累赘的辫子。因为拖了根长辫，伍连德一上船就成了其他人的笑料，一些旅客和小孩总拿他的辫子取乐。他预料到未来在英国的生活也避免不了这样的情况，为了更好地融入学习环境，减少不必要的麻烦，伍连德在船上雇用了一位理发师，花五先令剪掉了长辫，将其保存在纸盒中，抵达英国后寄给了母亲。他做出的这一举动是需要极大勇气的。在清朝，辫子是中国人的象征。自古以来，中国就崇尚《孝经》中所说"身体发肤，受之父母，不敢毁伤"一类的规训，且清政府强令汉人必须留长辫，即使在海外的华侨也不例外。长期形成的民族心理，让当时的中国人认为断发如同断头。怕伍连德剪去辫子，也是宗族亲戚早前不赞成他留学的重要原因之一。更何况从襁褓中便在头顶蓄发，十七年来，这条辫子已经成为伍连德身体的一部分。可想而知，他做出这个决定殊为不易。由此，伍连德坚毅、敢于挑战成规的性格也开始显露。

三十一天后，1896年9月7日，年轻的伍连德抵达伦敦南部的阿尔伯特码头。带着满腔热情和扣完税后仅剩的198英镑奖学金，这个少年踏上英国的土地，即将开始他长达七年的留学生活，一如当年他的父亲独闯南洋，白手起家。命运的齿轮开始转动，那时谁也不会想到，这七年的时间竟造就了一位日后闻名世界的医学家。

伍连德抵达英国时，大英义学的副校长艾克瑟尔先生正要结束他在英国的休假。伍连德在大英义学上学时，艾克瑟尔先生教授他初等数学和化学。艾克瑟尔对这个优秀的学生十分亲切，趁着自己返回槟榔屿继续教学工作前，他接待了伍连德，并带着他乘坐火车抵达利物浦，二人在此分别，艾克瑟尔乘船前往马来亚，伍连德则取道剑桥。

在利物浦到剑桥的火车上，伍连德依旧保持着细心观察周遭一切的习惯。当时，英国的火车车厢分三个等级，头等属于贵族，二等属于贵族的随从和仆人，三等才是属于普通人和大学生的地方，伍连德自然是在三等车厢。三等车厢数量众多，设有吸烟区和非吸烟区。伍连德发现英国人在旅途中似乎不太喜欢与人闲聊，他还留意到人群的区分很有意思——除了吸烟者与非吸烟者的区分，还有坚持开窗的与坚持不开窗的在暗暗较劲。

从利物浦到剑桥，一路风景平淡无奇，沿途没有山峦与丘陵，也没有特色的建筑，甚至剑桥火车站也只是个加了顶棚的长站台。伍连德出站后，坐上了富有英伦特色的双轮马车前往伊曼纽尔学院。城市风景的变化，离剑桥越来越近的距离，以及伊曼纽尔学院逐渐展露的优美全貌，这一切让伍连德激动而好奇，他怦然心动，对未来的求学生活心驰神往。

剑桥大学伊曼纽尔学院

    剑桥大学伊曼纽尔学院由富有的清教徒领袖沃尔特·迈尔德梅爵士于1584年创立，位于伦敦圣安德鲁斯街。学院前是一片青葱绿地，围绕着这片绿地的是小教堂、餐厅，以及用作教室、办公室和教职工及大学生宿舍的建筑。伍连德抵达门房后得知，高级导师威廉·内皮尔·肖先生正在伊曼纽尔住宅楼的家里等候他。伍连德穿过优雅整洁的校园，来到肖先生的住处拜访。肖先生是一个红头发的高个子，年约五十，微显弓背，绅士且十分友好。在伍连德七年留学生活中，肖先生给予他极大的鼓励和帮助，成为他一生最敬重的人之一。肖先生在了解了伍连德的旅程情况后，表示自己已经知晓他过往优异的成绩，希望伍连德在剑桥能够继续保持优秀。随后他转达了校方的安排：伍连德的临时住所在伊曼纽尔大街9号，古尔丁小姐负责照看他的起居。

    安顿下来后，伍连德便开始准备10月初的入学预考。有两门课程可以选择：逻辑学和基督行迹。这两门课程伍连德都闻所未闻，因基督行迹有一本近100页的简短提要，伍连德选择了这门课作为考试科目，并在随后的十天内突击学习了这个科目的所有内容，终于不负苦功，顺利入学。

    10月初，老学生纷纷返校。已成为剑桥一分子的伍连德在熟悉了环境后，也从伊曼纽尔大街的临时住所搬到了伯爵街的固定住所，开始了他在剑桥的第一个学年。当时，剑桥正在向全世界招募优秀学生，为科学研究培养人才，重点方向有生理学、物理学和人类学等。伍连德远赴英国，目的就是学医。他是剑桥的第一位中国医科学生，为了夯实基础，获得自然科学的荣誉学位，第一学年就选修了化学、动物学、人体解剖学和生理学四门课程。其中，化学的理论和实验，得益于他在槟榔屿时大英义学副校长艾克瑟尔先生的教学，他学起来相对轻松。此外，为了通过医学考试，伍连德还选修了初等物理和植物学等课程。光阴似箭，6月来临，尽管过程艰辛，伍连德的名字最终还是出现在职业医学士考试及格者的名单上。

有趣的是，按照欧美人的习惯，姓名的顺序是名在前，姓在后，因此伍连德的老师和同学们根据他的姓名拼写Gnoh Lean Tuck，以为他姓Tuck，都叫他"德先生"。当时他还太年轻，并不觉得这个错误有什么大不了的，因此没有及时更正，就一直被人们唤作"德先生"，直到毕业，乃至毕业多年后伍连德重返剑桥时，依旧被人唤作"德先生"。而当他毕业成为一名医生后，官方记录里伍连德的姓名Gnoh Lean Tuck还被缩写成了G. L. Tuck。

在剑桥的第一学年里，伍连德如饥似渴地汲取着知识的养分。然而，除了学习，生活起居也需要他独自料理。尽管精打细算，各项课程费、保证金、学杂费及生活费，总体算下来，手中仅有的198英镑依然令他捉襟见肘。要强的伍连德不愿意再向家中开口要钱，只能尽量节省开支。例如，必须购买的学生帽和长袍、教材和书籍等，聪慧的他，学会了在周六集市上淘二手货，清苦却也乐在其中。曾经友好接待过伍连德的高级导师肖先生了解到他的情况后，在向政府提交的年度报告里提及了自己学生的窘况，并对此表示同情。此后，自1904年开始，英女皇奖学金从每年200英镑提高到每年250英镑，并且奖学金获得者可以享受免费医疗。从此，这些远赴英国的学子得以免除对贫困的担忧，专心学业。

1897年，伍连德在剑桥大学留学期间，母亲亲手为他制作了这件长30厘米、宽25厘米的精美刺绣。刺绣内容复制了学院字母上的单线标识的设计，并把其中的英国狮子改成了中国狮子，在王冠的两侧画上曲线，还加上了各种各样的装饰与颜色。母亲让伍连德把刺绣裱起来，挂在大学房间里，嘱咐他不忘中华传统文化，学成归来，报效祖国

因为生活窘迫，伍连德留学七年间很少享受假期。他没有路费回家探亲，更想利用假期参加各种研修，这样既能丰富自己的知识，又能利用研修和实习机会赚取一些生活补贴。第一学年各项支出极大，伍连德依靠着198英镑的英女皇奖学金过得相对艰苦。到了第二学年复活节时，由于勤奋刻苦，伍连德以优异的成绩荣获了伊曼纽尔学院的自然科学优秀学生奖，因此每年又有40英镑奖学金。至此，伍连德的生活才逐渐宽裕起来。他可以享受一套带有家具的房间，并且有人照顾他，还可以招待曾经热心帮助过他的友人们，以此回馈他们。从这时起，他开启了拿奖学金、拿学位拿到手软的"学霸"之路。

第三学年，伍连德同四年级的学生一起参加了第二次医学士考试，顺利通过。老师们格外关注这个极其聪明的学生，也热切地希望能够从各方面帮助他。老师们建议他参加第二荣誉学位的考试，以便获取更多的奖学金，并且安排他到解剖室做示范教师的助手，这样有助于他温习功课，为日后通过严格的考试做准备。1899年6月，学校举行了隆重的学位授予典礼，伍连德以一等成绩被授予剑桥大学文学学士学位。后来，伍连德在大考中又获得"基础学者"的名衔，成了基金会资助的学者，每年有60英镑

的津贴。好运又一次眷顾了伍连德的钱袋，他终于扬眉吐气了。

在伊曼纽尔学院的三年学习时间结束了，按计划伍连德应该进入医学院继续深造，但英女皇奖学金的资助只剩下一年，伍连德唯一的机会就是争取专门为英属殖民地学生进入帕丁顿圣玛丽医院学习提供的奖学金。不过，这所医院设立的奖学金仅有两个名额，竞争十分激烈。经过激烈的角逐，伍连德又一次赢得了奖励，让他足以缴纳未来三年在圣玛丽医院的培训费。就这样，伍连德成为圣玛丽医院的第一个中国实习生，这是他创造的又一个第一，这个特殊身份让要强的伍连德更加意识到身上的使命感——必须表现优秀，为中国人争气。

回顾伍连德的剑桥求学路，从他学习的课程、参加的实习和最终选择的研究方向，可以看出他是一个思路清晰、目标明确的人。在第一学年的假期，他参加了伤口包扎的特别讲习班，这是伍连德的"外科第一课"。在第二学年，伍连德学习了人体解剖学和生理学课程，他对每一门课程都兴趣盎然，兢兢业业，从未缺席。第二学年的暑假，伍连德一如既往地留校，这次他参加了皇家学会会员亚历山大·希尔博士领导的组织学实习班，学习细菌学知识，包括尸检、消毒和制备显微标本，由此伍连德明确了自己的兴趣所在，为后来进一步学习病理学和细菌学铺平了道路。于是，在第三学年，他怀着极大的兴趣跟随西姆斯·伍德海德教授学习病理学和细菌学，直至暑假。

伍连德将绝大部分时间都用在了病理研究工作及基础细菌学的学习与实习中。同时，在该学年，高兰·霍普金斯教授开设了生物化学课，这是一门新兴课程。他网罗了一大批生物化学家，在剑桥大学组建起世界一流的生物化学系。这引起了伍连德极大的兴趣，对这门课程的学习也让他受益匪浅。

在剑桥大学自由、开放、包容的学术氛围里，伍连德不仅累获殊荣，还收获了珍贵的友谊。第一学期往往是孤独的，初来乍到，一切都需要接

弗雷德里克·高兰·霍普金斯(1861—1947)，伍连德在剑桥大学伊曼纽尔学院三年级的解剖学导师。其与克里斯蒂安·艾克曼因发现多种维生素，获得1929年诺贝尔生理学或医学奖

触和磨合，但温和友善的伍连德因为实验室里的一次举手之劳，在剑桥遇到了第一位终生挚友——达文波特·莱德沃德。伍连德的第一个孩子伍长庚的英文名，就是以他的名字"达文"命名的。当时，达文波特在用硫酸和锌制造氢气的实验中遇到了麻烦，伍连德顺手帮他放置好玻璃器皿，因而缓解了他的慌乱，从此开启了两人长达五十年的亲密交往。达文波特经常邀请伍连德与自己的家人相聚。莱德沃德家族从事纺织业，是曼彻斯特的富商，在英国的六年中，他们对伍连德多方关照。此外，在剑桥的众多学院中，两人还结交了其他朋友，如三一学院的努恩和加德纳·梅德温，生理实验室的埃利奥特，还有室友弗兰克·尼克松，等等。伍连德优秀的品德和出色的成绩不仅在同龄人中获得认可，那些出类拔萃的老师和前辈也十分欣赏他。教解剖学的麦卡莱斯特教授对这个聪慧的华裔学生十分喜爱，于是伍连德成了麦卡莱斯特家族中的常客。受其熏陶，伍连德也十分钟情于解剖学和人类学。

伍连德在英国时作为少见的亚裔面孔，也曾有过狼狈的体验。那是1900年的夏天，有许多关于义和团事件的消息散布于英国的大街小巷，其中有不少是夺人眼球的谣言，如义和团激进分子将基督教传教士下油锅杀死等无稽之谈。这样令人毛骨悚然的传闻却引起了伦敦各阶层民众的极大愤慨，一时间东方面孔成了众矢之的。伍连德在街头曾多次遇到暴徒对他狂喊："瞧啊，这儿有个'义和团'，咱们用石头砸他，看他疼不疼。"当时的环境真是令人惶恐不安。当然，也有不少理智的、心地善良的英国人保护伍连德，使他免受伤害，侥幸脱险。

伍连德在家乡槟榔屿所见到的英国人大多有钱有势，一副殖民者的嘴脸，几乎没有人能以平等态度对待亚裔人。但在英国学习期间，他发现很多英国人，如莱德沃德家族和麦卡莱斯特家族，他们非常坦诚、友善，没有歧视外族人的倾向。伍连德从他们身上了解了许多英国人的传统和德行。世纪之交的英国盛行自由民主之风，这个成长于多民族融合社会的少年从而萌生出文化包容、无私平等的人生观，为其日后自由、平等、正直的处世原则和对科学及现代知识不懈追求的志向奠定了基础。

此后在圣玛丽医院实习的这三年，伍连德把大部分时间都放在了业务上。医学院的课程枯燥而乏味，伍连德却对医院里的种种充满好奇，常常待在病房里，对医院的设施、病人的情况、医生的诊断、护士的照拂等细心观察学习。伍连德很少参加社交活动，每天早晨按时到医院，除了听课，便是实习，偶尔也出诊，如帮妇女接生。外出的机会，让他接触到19世纪末期英国平民的生活。与以往在槟榔屿见到的那些奴仆成群、趾高气扬的白人不同，与在学校里接触到的白人也不同，这些平民的生活条件较差，家中家具少得可怜，甚至连床都没有，产妇只得在地上铺些干草，躺在上面等待生产。这些耳闻目睹的情景，深深地触动了伍连德。加上在医院病房里常常会直面生死，受到极大的震撼后，伍连德渐渐悟出医学和生命的关系，找到了自己的人生使命。他也更加坚定了自己的志向，要做一个医德崇高、救死扶伤的好医生。

圣玛丽医院的实习经历辛苦但丰富,这期间伍连德多次获得奖章和奖学金,如齐德尔临床内科金质奖章(1902)、临床外科特别奖(1901)、临床内科特别奖(1901),还有克斯莱克病理学奖学金(1901),为了申报这些奖项,伍连德需要提供他在病房内处置过的各种病例的笔记和相关文章,还要在奖项创建人的亲自指导下,进行原创性的工作和观察。这使得他积累了丰富的实践经验,也为他的医学学识和技术打下了坚实的基础。

当年的伦敦圣玛丽医院。拿到奖学金的伍连德又创造了一个第一:圣玛丽医院里的第一个中国实习生

1902年，伍连德在圣玛丽医院的实习期结束后，伊曼纽尔学院每年给予他150英镑的研究奖金，支持他外出考察研究。他可以去欧洲任何一个医学研究所从事研究工作。

伍连德的第一站是利物浦热带病研究所。这也是他学医的初心——让家乡的马来亚人民免遭热带病的折磨。在罗纳德·罗斯博士的指导下，伍连德每天潜心于医院和实验室的工作，制备出几百份取自疟疾患者的血液样本，并进行深入研究。他的成绩获得了医学教授克利福德·奥尔伯特爵士的认可，在奥尔伯特爵士的鼓励下，伍连德将研究数据结果发表了出来，并用于申请博士学位。

随后，他进入德国的哈勒大学卫生学研究所跟随导师卡尔·弗兰克尔，此后，又进入法国的巴斯德研究所，跟随导师伊利亚·伊里奇·梅奇尼科夫进修与研究微生物学知识。1903年，伍连德返回伦敦，完成了博士论文并顺利通过答辩。当时年仅24岁的伍连德虽然超前完成了所有课程与考

罗纳德·罗斯（1857—1932），1902年9月至12月，伍连德在利物浦热带病研究所的指导老师。其因发现蚊子是传播疟疾的媒介，荣获1902年诺贝尔生理学或医学奖

试，但只能作为候补博士。因为学院规定，学生在取得学士学位至少三年后才可以获得正式的博士学位。

伍连德的优秀是毫无疑义的，他是伊曼纽尔学院的第一位华人留学生，还是第一位被剑桥大学授予医学博士学位的华人，此外，他还是同级学生中唯一一个在五年七个月内就通过第三次医学学士考试的学生。伍连德在剑桥大学总计获得了五个学位，分别是文学学士（1899）、文学硕士（1903）、医学学士（1902）、外科学士（1903）和医学博士（1905）。

在游学的日子里，伍连德结识了很多医学精英，并受到了他们的指导。除上文提及的英国疟疾学家、诺贝尔奖获得者罗纳德·罗斯，还有英国生理学家、医史学家福斯特，英国脑神经生理学家谢灵顿，英国生理学家阿勒布特和代尔，法国巴斯德研究所的俄国动物学家及细菌学家、诺贝尔生理学或医学奖获得者梅奇尼科夫等著名学者。历数他的导师，全部是医学界顶尖的学者。

伍连德（约 1906 年）

20世纪初，德国的人才层出不穷，其中最为著名的有细菌学家、免疫学家、化学疗法的奠基者之一罗伯特·科赫，以及荣获1908年诺贝尔生理学或医学奖的保罗·埃尔利希；等等。此外，马克思·奈塞尔和科勒也是杰出的科学家。这些人在自己的领域取得了卓越的成果，为现代医学做出了卓越贡献，也为德国在传染病方面的诸多发现铺平了道路。因此，当时的德国成了众多致力于细菌学研究的青年学者向往的地方。伍连德也不例外，他来到德国，拜于名师门下。

伍连德在哈勒大学卫生学研究所的导师——卡尔·弗兰克尔曾于1885年作为罗伯特·科赫的助手进行研究工作。罗伯特·科赫是一位伟大的科学家，于1881年研究出细菌纯培养法，此后又发现了结核分枝杆菌和霍乱弧菌。此外，他还最先建立了传染病医院，为后来各国的防疫工作提供了重要的借鉴和参考。从伍连德此后对细菌病疫的研究理论和工作方法中，我们可以看出他继承了科赫的研究方法。

科赫的学生中也有许多优秀的人才，其中最为突出的是日本人北里柴三郎。他在1889年成功地培养出破伤风杆菌，并在次年与埃米尔·阿道夫·冯·贝林合作将免疫血清疗法应用于破伤风。这一成果为后来的破伤风防治提供了重要的依据和方法。1894年夏天，东南亚地区暴发了大规模的流行病疫情。北里柴三郎经过研究发现，这种流行病的致病菌是鼠疫杆菌。这些发现为后来的鼠疫防治提供了重要的理论支持和实践指导。

伍连德来到哈勒卫生学院的主要目的就是学习处理细菌的方法，同时聆听教授们的学术演讲。他对科学孜孜以求，每逢周一上午，他便将上一周的研究结果向教授报告，同时从教授的反馈中得到指导。尽管德国科学家们已经在细菌学领域取得了长足发展，但在某些细节上，他们不愿意与时俱进。比如，那时的德国老师都不愿意尝试法国人发明的一种可以使加热效率大大提高的高压釜，但伍连德依旧埋头苦干，还干得津津有味，而且越来越觉得自己的工作很有意义。在这种高密度的汲取知识的氛围中，伍连德很快学会了德语，并且能熟练应用。四个月期限到了，伍连德于1903年5月告别德国，起身赶赴法国巴黎。他要到著名的巴斯德研究所继续深造。

5月的巴黎正是最妩媚的时节，浪漫绮丽的风景给伍连德留下了难忘的印象。伍连德在巴斯德研究所度过了美好的几个月。路易·巴斯德是法国伟大的医学家，于1895年去世。当时法国乃至整个欧洲，以及美洲各阶层人士都为他表示哀悼。路易·巴斯德在发酵学上的成就，有对蚕病病原的发现，对狂犬病的治疗，对家禽霍乱的防治，等等。虽然他并非是一个严格意义上的医学毕业生，但是他在医学科学领域为人类做出的贡献，远高于古往今来的绝大多数医生。为了表彰这位医学家的伟大功绩，他的同胞自发捐款建造了以他的名字命名的研究所，于1888年投入使用。1895年巴斯德辞世后，遗体便被安厝在研究院内，世界各地的科学家和普通民众都可前来凭吊。

伍连德到巴斯德研究所后第一时间拜访了副所长伊利亚·梅奇尼科夫。伍连德表示自己希望在法国继续研究市售明胶样品与破伤风的关系，梅奇尼科夫颇有兴趣，还安排了一位首席实验助手协助伍连德。巴黎的研究工作十分紧张，伍连德每天从上午八点一直干到下午五六点。好在法国人发明的高压釜十分有效，能帮助科研人员节省大量的时间和劳力，这让伍连德在巴黎的研究进展远快于在哈勒时。除了必修的功课，伍连德还利用业余时间学习法语，纵使巴黎有许多休闲娱乐的去处，但他花在游玩上的时间少之又少。当时，法国已经有不少中国的官费留学生来巴黎学习法律和艺术，不过，不少人只是抱着混个文凭的心态，大多更愿意去英国的院校学习。像伍连德这样来自南洋、会说英文的华人本就凤毛麟角，他还如此废寝忘食地潜心研究医学科学，这更是让研究所的同行们赞叹。伍连德尊敬师长，教授和同行们对他也十分友好，虽然相处时间较短，但他们已经建立起密切的关系和深厚的友谊。

伊利亚·伊里奇·梅奇尼科夫（1845—1916），1903年5月至8月，伍连德在巴黎巴斯德研究所的老师。其因在免疫研究上的突出贡献，荣获1908年诺贝尔生理学或医学奖

　　实验是成果与风险共存的，在巴斯德研究所，伍连德曾遭遇一次危险的实验事故。一次，他在打开一支厚玻璃管时，一块碎玻璃割伤了他的手指，而这个玻璃管中盛放着破伤风杆菌，他极有可能被这种危险的细菌感染。同在一个实验室工作的莱瓦迪意识到情况的严重性，便立即赶往负责管理血清的医师处，取来大量的抗破伤风血清，为伍连德注射了至少10毫升的血清。观察一周后，万幸无恙，研究所的院长、副院长、教授和同事们纷纷对伍连德表示祝贺，庆祝他逃过一劫。

　　辛苦的研究工作接近尾声，1903年8月，伍连德向巴斯德研究所的朋友们告别，回到了伦敦，以完成自己的博士论文。在奥尔伯特教授的指导下，伍连德以在德国与法国的研究成果为基础，撰写了题为《明胶中破伤风杆菌芽孢之发生》的论文。完成后，奥尔伯特教授进行了审阅，并通知他将在1903年8月中旬进行论文答辩。

　　答辩当天，奥尔伯特教授与另一位专家代尔共同出席，他们考察了伍连德的医学知识，请他宣讲了论文，又问及他对法、德两国大学和实验室中其他人从事的研究的感想，最后让伍连德谈谈毕业后打算回到马来亚从事什么类型的研究工作。伍连德一一作答，两个小时的答辩氛围十分友善融洽，教授们对伍连德的表现很满意，并宣布伍连德成功通过了医学博士考试。不过，按照剑桥大学的规定，取得医学学士学位后至少要经过三年时间才能取得医学博士学位，而伍连德在上一年（1902）才获得医学学士学位，因此要等到1905年期满三年时才能被授予博士学位。此时，24岁的伍连德已成为一名准医学博士。

法国巴斯德研究所门口的著名雕像——牧童与疯狗搏斗

3.

初返马来亚：剑桥医学之光的波折

既然剑桥大学不能马上授予伍连德医学博士学位，他就决定先去殖民地医务署找份工作，像二哥伍连兴那样在政府谋个职位，这样也能用所学知识回馈家乡。于是，他前往殖民部，询问进入殖民地医务署工作的情况，不料得到的回答竟然是只能担任"助理医官"，开始的月薪为250英镑，但不能担任正式的"医官"，因为这个职位只能给纯欧洲血统的英国

身穿学士服的伍连德

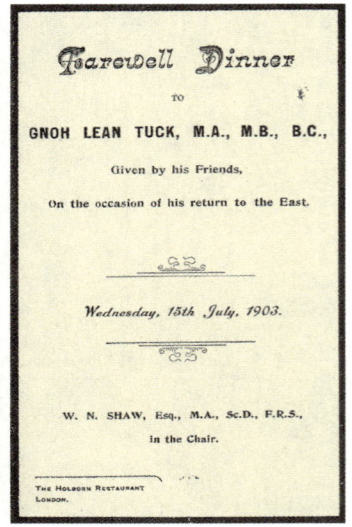

1903 年伍连德在剑桥大学离校时的晚宴请柬

人，尽管他们的学历和能力有时候还不如当地人。那个年代，政府部门的正职根本没有殖民地当地土生土长的专家或者研究工作者的立足之地，像伍连德这样虽然是医学博士，但出身于殖民地的学者，只能当副手。受殖民统治的人民是二等公民，这无疑是赤裸裸的歧视。伍连德无法接受这种不公正的待遇，然而事实告诉他，他曾崇拜的所谓的英式公正平等，只是殖民者的双重标准而已。伍连德改变了主意，决心继续从事学术研究。1903年，伍连德接受了伊曼纽尔学院新一年的研究奖学金，准备返回马来亚，到新成立的吉隆坡医学研究所进行为期一年的热带病研究。

在欧洲的七年间，伍连德没有花费家里一分钱，都是靠着政府提供的英女皇奖学金和伊曼纽尔学院的研究奖学金学习和生活。热爱生活的伍连德虽然起初窘迫地过了一段时间，但通过辛勤学习，他获得了资助，提高了自己的生活质量，游学结束后甚至还有400英镑存款。伍连德并不是一个愁苦的人，他懂生活，会享受，即便在艰难的条件下也依旧秉持着乐观的心态，积极平衡着自己的学业和生活。在离开伦敦前，伍连德慷慨地招待了在英国的老朋友，他们共同度过了八天的时间，尽兴游玩了温德米尔、格拉斯米尔、科尼斯顿，以及周围的景点。在离开伦敦的前一天，中国学生会为他举办了一个告别晚宴，祝贺他学成归乡，也纪念他们之间真挚的友情。

决定返回马来亚后，伍连德便打定主意，要多花点钱购买日本邮船"佐渡丸号"的一等舱大餐间票，相较于半岛和东方蒸汽航运公司的二等船舱，其票价稍贵但也相差无几，何不体验一番。在返乡的航行旅途中，伍连德除了细心观察着"佐渡丸号"上的人和物，也在严肃地回顾过去、设想未来。有两件事让伍连德感到迷茫：一件是他作为医学研究工作者，未来是坚定地怀着谦卑上进的心努力进取，还是加入私人行医行业为自己积累财富？伍连德此前已与前辈林文庆博士通信，林文庆是第三位英女皇奖学金获得者，也是第一位获此荣誉的华裔学生，他在爱丁堡完成学业后定居新加坡。林文庆作为前辈，必定有更丰富的阅历和独到的见解，伍连德决定，到达新加坡后，前去征求他的建议。另一件困扰他的事则是有关自己血缘所系的国度及民族。尽管伍连德的双亲都是中国人，可是他本人自小接受的教育都是源自英国中学和大学。在欧洲求学时期，伍连德发现不少外国学者有着相当渊博的中国文化和哲学知识，而自己作为一个中国人，连用汉字写自己的名字都很吃力，更别提阅读中文报纸了。这深深触动了伍连德，他决心更好地了解自己的祖国。为此，他购买了一些外国学者撰写的有关中国历史、儒学和义和团运动的书籍。

在船上，他沉浸在这些书籍中。然而，这个拥有古老繁盛文明的国度，那时正处于破碎飘摇之中，想到这些的伍连德不禁陷入沉思。他想起了母亲亲手为他制作的精美刺绣，母亲把学院标识中的英国狮子改成了中国舞狮，并嘱托他牢记中国传统文化，学成归来报效祖国。他想起了家族中亲身参与甲午战争的二舅林国祥和三舅林国裕。三舅在这次战役中英勇殉国，北洋水师全军覆没后，二舅则是先被革职，后又被重新起用，奉命到英国监造"海天号"和"海圻号"巡洋舰。那时正是1896年，伍连德刚好独自在剑桥大学开启留学生涯，于是他经常去纽卡斯尔看望在此监造军舰的二舅林国祥。林国祥对他十分关怀，这让孤身在外的伍连德倍感亲情的温暖。当时与林国祥一同前往英国的两位副手程璧光和谭学衡也与伍连德成为好友，二人在伍连德之后的人生经历中也起到了重要作用。林国祥用自己和三弟为国而战的亲身经历教育伍连德要精忠报国。二舅口中那些中法战争的情景和中日战争的悲壮经历，让伍连德颇有感触。他立下志愿，一定要像这些长辈一样为国效力。

1903年9月的最后一天，在那个明朗的早晨，伍连德抵达新加坡，林文庆博士亲自登船相迎，将伍连德接到家中小住了一段日子。林文庆博士祖籍福建，世居马来亚，1887年获得英女皇奖学金后进入爱丁堡大学学医，1891年毕业，获得医学学士和外科硕士学位，又在剑桥大学攻读一年

"海天号"巡洋舰

1898年1月24日,英国阿姆斯特朗造船厂"海圻号"交船仪式,花束正后方为林国祥,花束右侧第一人为程璧光,右侧第三人为谭学衡

后返回新加坡开设私人诊所。他是新加坡第一个从国外学医归来并很快取得成功的华人。他不仅专业经验丰富，而且性格温和，掌握多种语言，能熟练使用福建、广东的方言，以及英语和马来语，后来还学会了中国官话及日语。林文庆的妻子是民主革命家、教育家、著名爱国人士黄乃裳的女儿——黄端琼。

伍连德在林文庆家中小住期间，恰巧林文庆的妻妹、黄家小妹黄淑琼也在他家做客。事实上，林文庆对在英国留学的伍连德关注已久，这次借接待伍连德的时机，提前将妻妹黄淑琼从福州接来，制造二人邂逅的机会。伍连德与黄淑琼聊了许多，从兴趣爱好到读书学习，从家庭背景到救国救民，他们谈得十分投缘。

这段时间，林文庆的不少朋友都知道他家来了一位才貌双全的大家闺秀，纷纷登门拜访。不少青年才俊直接表达爱慕之心，如毕业于剑桥大学的青年律师宋旺相、新加坡地产大亨陈武烈。在黄淑琼的追求者中，伍连德看起来似乎最缺乏自信。相比其他追求者，他刚刚毕业，尚无正式工作，家境也不如其他人殷厚。然而，黄淑琼偏偏接受了伍连德的爱慕之情，终于两情依依地订了婚约。

伍连德在新加坡逗留的时间不长，但林文庆还是让他对整个马来亚的状况有了一个很全面的了解，不仅在事业上给予他指引，还提供了很多忠告，如应该抽一些时间关注社会福利事业等。因为当时马来亚的华人社区领袖人物，特别是生于斯长于斯的人，头脑中充斥着迷信和偏见，对中国的历史和文化几乎一无所知，林文庆积极游说奔走，成立了华人志愿团，创办了《海峡华人杂志》。这些举动对伍连德产生非常大的激励，这些华人社区领袖也为他确认自己的人生目标做出了非常优秀的表率。在后来的人生中，伍连德在医学之外，投入最大精力的便是社会公益事业。值得一提的是，伍连德当时的一位"情敌"宋旺相十分绅士，在得知黄淑琼选择伍连德后，大方祝福了他们，并且与伍连德结下了深厚友谊。此后林文庆、宋

1903年，林文庆（右）、伍连德（中）、宋旺相（左）合影，三人因坚持进步改革被称为"海峡华人三杰"

旺相和伍连德三人积极参与社会公益事业，呼吁推行剪辫子、禁烟、禁赌、解放妇女等一系列社会改革，被誉为"海峡华人三杰"。

相聚时光很快就过去了，1903年10月7日，伍连德启程前往老家槟榔屿。他想在去吉隆坡医学研究所之前，先回家看看父母。他登上了一艘德国轮船，经历了长途的航行，最后回到阔别七年的故乡。船到达槟榔屿的码头时已经是夜里11点，亲朋好友们早早就在码头等候。长辈、同学、好友、晚辈等把伍连德迎接下船，拥着他一起回到家里。伍连德的父母早就端坐在中堂，他跨入家门便拜见双亲，双膝跪地向父亲母亲献上刚沏好的中国茶。二位老人喜极而泣，热泪盈眶地感谢上苍保佑伍连德平安归家。接下来的两周，伍连德除了祭奠祖先和拜望长辈，还要应付一些亲朋好友对他婚姻状况直接或间接的询问。不少富裕人家上门提亲，令伍连德手足无措，只得说自己还不想考虑这些事情，因为还需要在吉隆坡医学研究所

1903年伍家三代人的合影。五兄弟站在后排，右一为24岁的伍连德。除伍连德外，其余所有男子均留有辫子

里工作一年。

　　伍连德终于赴吉隆坡医学研究所开始了他的研究工作。吉隆坡是雪兰莪州首府，也是马来联邦首府，这座城市无论是居住还是工作都是绝佳之地。当时马来亚最高专员和海峡殖民地总督弗兰克·斯韦特纳姆爵士创建了吉隆坡医学研究所。伍连德去的时候，研究所经费较为拮据，只有一位所长和三位欧洲人助手，伍连德便成了这里的第五位高级职员。研究所主要从事对当地最常见的、严重危害当地人健康的两种疾病的防治研究，一种是疟疾，另一种是脚气病。前者的原生动物病原多年前已经被确定，但是它的传播途径当时才刚刚被发现；而后者病因依然不明。伍连德来到研究所后，延续前任研究员的工作，继续寻找病原体和防治方法。在从事研究工作的同时，伍连德还广交社会名流，参加有意义的社会活动，他也从华人间的友情中受惠良多。在吉隆坡工作期间，伍连德一直居住在华人富

当年的马来亚吉隆坡医学研究所

商陆秋泰先生的宅邸中，当时吉隆坡的华人社团领袖叶亚来也积极支持伍连德的社会活动事务。伍连德在吉隆坡与一些志同道合的朋友组织成立了雪兰莪文学及辩论学会，请来名人做学术报告，目的是促进与鼓励包括会话和写作在内的英语学习，推广知识，沟通东西方文化。会员每两星期借叶氏花园住所集会一次。

最初风气未开，只有男子可以成为会员，后来女子解放，男女平等的呼声越来越高，该组织也鼓励女性的加入，并且让女会员在受教育和参与社交活动方面与男会员享受同等的权利待遇。雪兰莪文学及辩论学会还推动了另外一件极有意义的事情的发生。陆秋泰提出，把剪去辫子作为革新的第一步。当时，尚有许多男会员拖着长辫子，经过一番激烈的争论后，赞成剪辫子的人士占了上风，当即就有一位男士跳上会议主席台剪去了长辫。这一杰出榜样立刻被雪兰莪的其他华人效仿。雪兰莪文学及辩论学会的这一创举，也被当地和海外报刊广为报道，在社会上产生强烈的反响。

1904年年底，在吉隆坡医学研究所为期一年的工作结束后，伍连德接受了多位朋友的建议，回到槟榔屿开设自己的诊所。他买下一位退休英国女医生曾经用过的器材设备和药品库存，在牛干冬街开诊行医。伍连德还购买了一辆敞篷轻便马车，出诊时十分气派。定居槟榔屿后，常怀感恩之心的伍连德，首先想到了自己在大英义学的校长哈格里夫斯先生。当时，哈格里夫斯即将离开槟榔屿前往瓜拉江萨赴任。伍连德组织大家向他献礼，赞扬他在1891年到1904年校长任期内的突出贡献。伍连德在校时年纪很小，时常被人称作"娃娃"，哈格里夫斯先生对他温勉有加。即使离开学校后，伍连德也常常勉励自己不能辜负哈格里夫斯先生的期望。献礼集会活动非常成功，伍连德懂得感恩的品质和社交能力非常值得称赞。

伍连德在槟榔屿的诊所业务有序开展着，收入颇丰，此时，距离他首次在林文庆家中与黄淑琼小姐相识已过去近两年的时间。黄小姐与伍连德订婚后，便因年幼时落下的肺疾而返回福州休养，其间二人定期通信，互诉衷情。如今，伍连德觉得与黄小姐完婚的条件已经成熟，正好黄小姐由福州返回新加坡，他便于1905年7月乘船前去迎娶黄小姐。伍连德并不是基督徒，但黄淑琼自幼在教会学校住校学习，伍连德尊重黄小姐的信仰与习惯，在亲友的簇拥下，两人在新加坡的一座美国人开设的基督教教堂举行了婚礼。林文庆博士和宋旺相先生参加了婚礼，林文庆作为娘家人将新娘的手交给伍连德，宋旺相则作为男傧相出席。婚礼一结束，伍连德和新娘马上乘坐海峡汽船公司的快艇返回了槟榔屿。许多亲友前来迎接，陪同二位新人一同抵达新居。当时，马来亚的知名华人多与当地人结婚，而伍连德迎娶的却是一位身穿洋装的来自中国的新娘，这引起了不小的轰动。黄淑琼精通中文和英文，性格娴静，容貌柔美，更令当地人感到神秘，纷纷前来探望。直到月底，纷扰散去，两位新人才终于过上不受打扰的幸福生活。

　　伍夫人美丽文雅，懂英文，爱好文学，曾用英文为中国古代四大美女立传，先后用英文完成了《杨贵妃》《西施》《王昭君》，但在写《貂蝉》时，伍夫人病倒了，未能完成这一部作品。她与伍连德情深意笃，婚后第三年，他们的第一个儿子出生，取名长庚。为了感念剑桥好友达文波特一家曾经对自己长达六年的热情关照，伍连德将长子的英文名字取作"达文"。伍长庚的童年大部分是在北平（北京）度过的，长大后他进入清华就读，后又去往美国约翰斯·霍普金斯大学、耶鲁大学和罗切斯特大学完成了医学课程。伍长庚继承了伍连德的优秀基因，他在大学里获得了文学学士、公共卫生学博士和医学博士等学位，此后又在伦敦花费了半年时间获得了公共卫生和热带医学的证书。1935年，伍长庚回到北平，就职于市政府的卫生部门，并继续他在耶鲁便开始进行的流行病学研究。在短短四年内，伍长庚就被提升为流行病学部门的主管。追随着父亲伍连德的脚步，他在流行病学领域深耕，殚精竭虑，尽职尽责。然而，在医学界供职七年后，伍长庚不幸因肺病去世，令人感慨唏嘘。

1905年7月，伍连德与黄淑琼在新加坡举行婚礼。前排右四为林文庆

  伍连德的医术受到公众认可，诊务终日不停。虽然如此，他还是像在吉隆坡时那样，积极从事有关华人的社会服务工作，并主张革新，如提倡女子教育、主张男子剪除辫子、反对赌博和吸鸦片、鼓励发展体育运动及组织文学社团等。当时的马来亚人与中国人一样，上至富商，下至车夫，都用烟筒吸食鸦片。在新加坡和槟榔屿，政府为了丰厚的利润而种植罂粟，并且联合华人投资者在新加坡制成烟土，售往已经鸦片成瘾或者没有鸦片限制的地区。在这一条产业链条中，涉及许多怀有私心的部门和个人，他们除了在划定的区域内力求扩大销售，甚至还有计划地进行走私，谋求利润最大化。伍连德对鸦片深恶痛绝，身为医生，他深知鸦片对人体的危害。当时，年仅25岁的他，为了这项正义事业，创立了槟榔屿禁止鸦片协会，并担任会长和主治医师。为了帮助贫困的鸦片受害者，他还积极筹备经费，向这些人提供免费的住所、食物和药品。

  1906年3月，伍连德在怡保组织召开了海峡殖民地和马来联邦第一次禁止鸦片会议。参会者是来自各界商贸团体和各行业的代表，共3000余人。

大家直抒胸臆，回顾了殖民者在华鸦片贸易的历史，谈鸦片如何荼毒人民，又谈中国政府战败后，如何被迫赔偿巨款、割让领土等。会议十分成功，产生了很大的社会反响。到1906年5月，英国下院通过了一项决议：印度、中国之鸦片贸易有违道义而务须摒弃，请求英政府采取必要的措施使其迅速终止。一时间，似乎全世界良心发现，反对罪恶的鸦片贸易的意识开始觉醒。凭借这一权威声明，槟榔屿、新加坡乃至马来亚所有重要的城镇都组织召开了禁止鸦片的会议，各种禁烟社团间也进行了更紧密的合作。伍连德甚至还联合了远在英国的朋友一起行动，英国禁止鸦片贸易协会会长和国会议员也来到马来亚，为禁烟运动贡献力量。广泛的宣传教育很快受到更多关注，广大群众认识到吸食鸦片是恶习，是祸害，各阶层都想尽各种办法使受害人群戒除这一恶习。

槟榔屿禁止鸦片协会委员，除伍连德（右一）外，所有人都留着辫子

禁烟运动触碰了当地以贩毒牟取暴利的土豪劣绅的利益，他们中甚至还有伍连德的朋友。这些人对伍连德软硬兼施，有人对伍连德发出威胁，有人则承诺给伍连德经济补偿以图收买。但他对这些警告和"补偿"熟视无睹，依旧怀抱着崇高的理想和无限的激情，全身心地投入这场禁烟运动中。然而，一个阴谋正在悄然策划。

1907年年初的一天，伍连德突然收到一张搜查令，有人控告他的诊所非法持有"有害药品"。前来搜查的槟城高级医官西德·卢西带着两位警察在他的诊所里搜出了一盎司鸦片酊剂，那是三年前伍连德从退休的英国女医生手里购买的医疗镇痛剂，但伍连德在行医过程中从未使用过。卢西医官对伍连德发出传票。此事发生的前几日，地方政府刚刚在政府公报中公布了一条关于医疗行业的法令，明文规定每一位从业医师都必须在得到政府许可的情况下，才能"购买、持有和使用某种特定的有害药物"，未持有这种政府颁发的许可证，该医师就应该受到惩罚。可笑的是，在这个任何商店、任何人都可以无限量购买鸦片的殖民地，这条法令似乎是为注册医师量身定制的，尽管他们有时候需要将这种毒药作为医药品开给病人。

伍连德坚持自己的权利，但行业负责人认为，如果伍连德在医疗上需要鸦片，那么他就必须持有政府颁发的许可证。作为英国医学联合会的会员，伍连德向海峡殖民地分会的荣誉秘书求助，却得到了一个卑劣的答复："种瓜得瓜，种豆得豆。"事已至此，伍连德终于明白，自己陷入了一个周密的诬陷阴谋中。很快，他被认定为有罪，并处以100英镑的罚款。伍连德无法允许自己向这股卑劣势力低头，他向马来亚最高法院提起上诉，但殖民地的法律没有公正可言，法院驳回了他的诉状。阴谋的策划者企图通过这次事件，败坏伍连德的名声，将其作为典型案例，杀鸡儆猴。然而，事实表明，伍连德的名誉并没有受到损害，相反，这件事在国际上引发了关注。在陷害事件发生后，伍连德收到了两封信：一封来自伦敦，邀请他出席禁烟会议；另一封来自北京，时任直隶总督袁世凯邀请他回国出任天津陆军军医学堂帮办（副校长）。

刚刚经历人生波折的伍连德，又站在了人生抉择的岔路口：是否继续留在这个虽是出生地，现在却深深地伤害了他的地方呢？这里的政府和社群似乎并不欢迎他。那就选择回到祖国？那里不会被人罗织罪名，也是一片适合促进科学和卫生事业的沃土。故土难离，马来亚槟榔屿是伍连德的故乡，但中国也是他的血脉所在，实难抉择。伍连德决定先去伦敦开会，在回来之前暂不做出决定。伍连德将诊所转托给一位朋友后，便开启了为期三个月的英国访问之旅。禁烟会议非常成功，伍连德在会议上介绍了海峡殖民地的贩毒情况，并坚定地指出，英国政府再也不应该利用贩毒来获取高额税金了。他的慷慨陈词赢得了热烈的掌声。

在英国期间，除了参加禁烟会议和拜访故地、老友，伍连德还拜访了伦敦皇家军医学院和位于内特里的陆军医院，从中学习到许多有关军队医务及其组织的知识。回到槟榔屿后，伍连德很快做出了决定，他要回到中国重新开始。促使伍连德返回祖国的因素有几个，他生长在一个华侨家庭，从小受到中华优秀传统文化的熏陶，学成之后报效祖国便是他接受的最重要的教导之一。当时，他在槟城的医疗事业开展得有声有色，生活优越，但是对胸怀远大志向的伍连德来说，槟榔屿的发展空间实在有限，殖民统治的限制也让他的才华难以施展。加上他的夫人黄淑琼也支持他接受中国的聘请，认为如果回到祖国，伍连德更可海阔凭鱼跃，天高任鸟飞。同时她生在中国，长在中国，在那里有许多的亲朋好友，她自然很期待回归祖国。再者，黄淑琼身体纤弱，并不适应热带持续炎热的气候。伍连德要回国的消息一传开，人们纷纷前来挽留，可是伍连德去意已定。

这时的中国，正值清朝末年，祖国大地深受疮痍之苦，而清政府又腐败无能。胸怀报国之心的伍连德毅然放弃了在马来亚的优渥生活，决定用他精湛的医术为祖国服务。回国之前，他将自己姓名的马来亚拼音Gnoh Lean Tuck改为中国普通话拼音Wu Lien Teh，以表明自己献身祖国医学事业的决心。

4.

踏上中华大地：
开启中国卫生事业新篇章

  1908年9月，伍连德携娇妻幼子，登上了一艘德国轮船，踏上前往祖国的归途。其实，他去年在伦敦参加禁毒大会后，曾于同年7月份到过上海，并前往过天津，但因当时身体欠佳，便暂且请假回到槟榔屿。这次途经中国香港地区，停留了两天，随后他们历经三天航行，抵达上海，临时居住在外滩的浦江饭店，并在外滩的公园见到了那个臭名昭著的华人与狗"不得入园"的告示牌。殖民统治下，岂有尊严可言，伍连德愤慨不已。他昂首走了进去，但门卫并不敢阻拦他，大概是他穿着欧洲服装和没有辫子的缘故。此后的两周，伍连德天天都去那个公园，一次也没有被阻拦过。

  初次回归祖国，这里的一切对他而言都是陌生的。但凭借优秀的活动能力和卓越的社交才能，在上海短暂停留的日子里，伍连德还是拜访结交了些许名人，如著名教育家李登辉先生。李先生出生于爪哇，毕业于美国耶鲁大学，定居在中国，以推进中国高等教育发展为目标，奋斗多年，终于在上海建立起一所不属于任何宗教派别的大学，即后来的复旦大学。因为伍连德即将赴天津上任陆军军医学堂的帮办，如何在中国经营学校，发展教育，请教李登辉先生是不二之选。通过李登辉的介绍，伍连德还结识了其他行业的杰出人士。在上海停留十余日后，伍连德便将妻儿托付给亲戚照料，自己乘轮船前往天津赴任。

到了天津，伍连德首先拜会了北洋医学堂的总办（校长）屈永秋医师和陆军军医学堂的总办徐华清。北洋医学堂是1893年在直隶总督李鸿章的支持下建立的，目的是培养海陆军外科医生。而天津陆军军医学堂是袁世凯任直隶总督时创立的，目的是为新建和扩充的军队培养陆军军医官。

屈医师为他介绍了自己的同事，有中国医师，也有从海外聘请的法国医师。此后的日子里，伍连德从与这些人士的交往中得到了许多有益的教诲。其中有一位是来自北京的全绍清，他最先教会了伍连德清朝官吏所讲官话的正确发音。由于伍连德早年缺少学习中文的机会，回国后深感不便，全绍清的指导正好为他学习汉语打下了基础，此后二人成了好朋友。伍连德还认识了几名乐观机敏的学生，有一个叫邓松年的小伙子，教会了伍连德正确辨识北方官场中穿着的绸缎官服的色泽和制式，这位邓松年日后成了伍连德的得力助手。

熟悉了环境后，伍连德心中对如何主持军医学堂有了自己的看法，随

天津陆军军医学堂大门

时准备进京接受正式任命。他正要去北京时，突然传来了光绪皇帝驾崩的消息，随后的24小时内又传来慈禧太后崩逝的消息，消息接踵而至，袁世凯也称病退隐河南老家。这对满怀报国之志回到祖国不久的伍连德而言，无疑是重大变故。伍连德连忙赶往北京，找到程璧光和谭学衡探询出路。此二人在伍连德英国读书期间，曾作为伍连德二舅林国祥的下属，一同在英国监造海舰，那时便与伍连德结下了深厚友谊。此时的谭学衡已经成为海军部的将军，兼任贵胄学堂副校长，程璧光也在海军部任职。虽然他们二人对当前的时局变化也捉摸不定，但还是答应为了伍连德的前程去征询朋友。此后，伍连德去拜访了时任陆军部军法司司长的丁士源先生。丁先生曾在伦敦的林肯律师学院学习法律，不久前还将伍连德引荐给了英国陆军部军医。丁士源了解到伍连德的情况后，又亲自将他引荐给新任陆军部尚书、满人大臣铁良。倘若铁良觉得伍连德是可用之人，便会召见并面试。在耐心等待铁良召见期间，伍连德心态很稳，大部分时间都用来游逛市场和戏园，毕竟北京城就是一座巨大的博物馆，承载着中国悠久的历史和文化，它所代表的力量、权势、尊严和壮丽令任何向往者都流连忘返。伍连德不仅观光游览，开阔眼界，出于业务素养，他还细心留意了北京的公共卫生环境。

  被召见前，伍连德在程璧光的陪伴下，去绸缎店定制了官服，还准备了一条假辫子戴在脑后，并反复预演如何回答提问。召见之日终于到来，伍连德跟随丁士源前往拜见铁良，这是他第一次谒见满人大臣，规矩甚多，伍连德还不太会用北方官话与他人交谈，颇为紧张。按照预演，伍连德对铁良的提问，多以简洁的回答或者"是"来答复。铁良对伍连德的学历、医术早有了解，但这位大人物看到神情紧张的年轻人似乎也乐于开玩笑，便问道"年齿几何"。伍连德一时语塞，不知道为什么这位尊贵威严的大臣要问自己有多少牙齿，幸好丁士源在一旁低声提醒伍连德，大人是想知道他的年龄，伍连德这才赶忙回答了问题。对这位海外归来的新手,铁良很满意,便正式委任伍连德为天津陆军军医学堂的帮办,月薪300两银子。这样的薪水对任何初入仕途的人来说都是相当高的,要知道伍连德的直属上司,陆军军医学堂总办徐华清,任职十五年后月薪也才350两银子。

就这样,伍连德于1908年正式接受了他在中国的第一个官职,并在此后的三十年间,为中国现代医学的奠基和发展立下了不朽的功勋。工作有了着落且薪水颇丰,伍连德十分高兴,马上致信在上海的妻儿北上天津与自己团聚。

在等待任命期间,伍连德还拜访了其他在京高官。一位是时任内政部大臣的肃亲王善耆,他统管全国各地的公立医院,伍连德的好友林文庆曾经担任肃亲王儿子的英语老师,林文庆还为伍连德的此次拜访写了一封推荐信。还有一位是时任法部尚书的戴鸿慈,作为广东人的领袖,他也是在京广东同乡会的会长。在1905年时,戴鸿慈曾与满人端方一起为求中国现代化而到全世界考察先进国家的宪政,途经槟榔屿时,他认识了伍连德这位杰出的华人青年。也正是那次在槟榔屿的相遇,伍连德第一次见到施肇基,此后二人过从甚密。在京拜访戴鸿慈并为其医疗诊治的过程中,伍连德结识了陈昭常先生,他后来被任命为吉林巡抚,此后他也对伍连德的工作给予了极大的支持。

外交家施肇基

陆军军医学堂建立在直隶总督衙门不远处，占据了两个街区，校园宽阔，有教室、实验室、办公室，还有一个大运动场。这里聚集了来自全国各地的医学生200余人，年龄普遍在17岁至20岁之间。学校开设化学、生物学、生理学、药物学、解剖学、内科学、外科学等必修课，这些课程均由日本教师用日文教授。中国老师则专职开设中国文学和日本语教学。由于英文不是学校规定的必修课，伍连德上任初便请了一位专职老师教他中文，很快就掌握了普通话的日常用语，并能够用官话进行工作交流，至少足以应付医院门诊和病房中的教学工作。伍连德发现，行政部门无权干涉日本人的教学方法，而这些日本教授居心不良，只传授一些初级的医疗知识和技术，教学水平也并不高。这就导致学生们的临床经验和动手能力非常差，即使经过四年的学习也并不能达到西方国家所要求的水准，学校培养出来的最多不过是高级护理人员而已，将来中国需要的高级医学人才，依旧只能依赖日本。政府花钱请来的日本教师还时常给中国青年灌输日本军国主义的思想，试图将中国变成日本的巨大附庸国，显然是要让中国在日本称霸世界的图谋中，永远归顺他们。

对此，伍连德开始大刀阔斧地进行教学改革。他主张重视实践，完善了实验室设备，建立了临床门诊，并在教材方面，引进英文教材，以实时介绍欧洲先进的医学技术和最新的学术成果。除了学术上的改革，伍连德还主张增加体育活动，提高学生们的身体素质。在伍连德的努力下，短短两年时间，陆军军医学堂便基本摆脱了日本模式，开始为中国军队输送合格的现代军医。也是从这里开始，伍连德开启了一条带领中国医学教育走向现代化的道路。

在天津的三年时间里，伍连德的生活和事业较为平顺，二儿子伍长福于1910年出生。这样的生活对于富有冒险精神的伍连德来说，属实有些寡淡，似乎有种壮志未酬之感。1910年12月，伍连德意外收到时任外务部右丞施肇基签发的北京外务部电报，令他即刻赴京，有要事相商。

伍连德迅速收拾了简单的行李赶往京城,在施肇基的家中与他相见。施肇基谈到自己以前跟随端方和戴鸿慈等大臣出洋考察,在槟榔屿与伍连德相逢时,便对热切关注祖国发展的他印象深刻,还提到三年前伍连德来到天津任职时自己便已知道,只是当时自己在哈尔滨任道台,直到现在任职外务部后才得以有机会与伍连德相会。

伍连德感到此次会见不简单,施肇基似乎心事重重,便询问起召见缘由。施肇基表情严肃,告知伍连德,哈尔滨已暴发烈性传染病,时任东三省总督锡良形容:"如水泻地,似火燎原。"当地的中国和俄国居民已有不少人罹难,需要派遣一位细菌学专家前去疫区调查疫病源头,并扑灭疫情。因疫情已经肆虐一月有余,而且造成了外交事件——当时的东北地区面临非常复杂的国际环境,日本和俄国当局已经威胁清政府,如果中国政府无法控制疫情,他们将派遣自己的医务官员前来接替,东北三省的控制权恐被夺走。此时整个东北处于水深火热之中,更可怕的是,当时的东北拥有全中国最发达的交通网络,如果疫情控制不当,疫病将会随着人员流动形成燎原之势,进而蔓延到关内,整个中国都可能沦陷。以当时落后的公共卫生条件,结果将不堪设想。施肇基表示,自己已经向政府推荐伍连德来担此重任,同时在此郑重询问他是否愿意前往。

1910 年冬,瘟疫来袭,东三省火车站人满为患

20世纪初的中国已逐步沦为半殖民地半封建社会。东北地区物产丰富，农作物和矿产应有尽有。日俄战争后，日本人占领了大连至长春的南满铁路。俄国人则占据了长春以北的中东铁路北段。自1910年12月起，一种烈性传染病在东三省蔓延，没几天，吉林、黑龙江两省死亡人数就高达39 679人，占当地人口的1.7%，哈尔滨一带尤为严重。面对这种恶性状况，地方当局束手无策，人们纷纷外逃，疫情有了迅速向关内蔓延的趋势。当时，清政府并没有设立专门的防疫机构，而日、俄两国对我国物产丰富的东北地区垂涎已久，虎视眈眈，任何事情都可以成为他们攫取利益的借口。日、俄两国趁火打劫，以保护侨民为借口，企图独揽防疫工作，甚至以派兵相威胁。

清政府迫于压力，急需专家前往防疫。一开始，外务部寻到了美国丹佛大学毕业、在海军出任医官的谢天保（1906年医科进士）。但事态凶险，为了防备任何灾难或死亡的发生，谢天保提出了高额的赔偿金要求，清政府无力支付，只得另寻良将。这时，外务部右丞施肇基举荐了伍连德，拟委任伍连德前往哈尔滨调查疫情，领导东北地区的防疫工作。伍连德对施肇基的伯乐之恩万分感念，顿觉报效祖国、救国民于危难之时的机会终于到来。此外，他自己也愿意去挑战有难度的工作，去研究某个未知领域，因此毫不犹豫地接受了这项任务。随后，伍连德便被领去晋见军机大臣和外务部尚书那桐。施肇基则迅速为伍连德办理好关防手续、开好介绍信，派发经费等，并发送电报知照当地。他告诉伍连德，在紧要关头可直接用英语发电报给他，他会全部翻译成中文直接呈交给他的上级。

伍连德返回天津，在两天时间里有条不紊地安排好了一切事务。他先准备齐了防疫所用的东西，如高倍显微镜、酒精、试管、剪刀、钳子、培养基等实验室所需的物品。又挑选了一名学生——林家瑞，作为助手随行，并安排另一位学生在之后的几个月内做好替补准备，同时将新的任务和"调查使命"告知妻子。当时，伍夫人的身边有4岁的大儿子长庚、1岁

数九寒天，俄国人在室外对准备登车的中国人进行裸身检查

的二儿子长福，腹中还怀着即将出世的三儿子长明。尽管伍夫人十分牵挂伍连德的安全，但她对丈夫的学识和医术抱有充分的信心，也理解和支持伍连德的远大抱负，认为这才是真正的为国效力。的确，伍连德为了施展这样的抱负，已经历了长期跋涉。就这样，伍连德与瘟疫作斗争的惊心动魄的历程开始了。

5.

东北鼠疫：中国科学防疫第一人

  1910年12月21日，伍连德冒着凛冽的寒风，与助手林家瑞一起，登车急赴东北。他们途经山海关抵达奉天（今沈阳）后，换乘日本人控制的南满铁路火车到达长春，然后再一次换乘俄国人控制的中东铁路火车，终于在24日下午抵达哈尔滨。这里的天气异常寒冷，大小建筑的玻璃窗户上，都覆盖着一层厚厚的冰，在户外零下十几摄氏度的气温中，哈一口气便能结成冰碴儿。

  哈尔滨是19世纪末因在松花江南岸建设了火车站而迅速发展起来的城市，T字形的铁路把哈尔滨分割成三部分：车站以西为道里，车站东侧为道外，车站南侧被称为南岗。当时，俄国人集中居住在道里和南岗，道外则由清政府管辖。

1910年年底，初到哈尔滨的伍连德身着制服，时任天津陆军军医学堂帮办（副校长）

伍连德深知需要尽快进行流行病学调查，第二天清晨便和助手赶去拜访哈尔滨最高行政长官——吉林西北路分巡兵备道道台于驷兴。于驷兴先前就接到了外务部的电报，通知他要与伍连德密切合作，扑灭瘟疫。一见面，于驷兴便向伍连德介绍了当地的疫情状况：一、疫情状况复杂且严重，其中有一种疫病，患者发热、咳嗽、吐血，不久便死亡，尸体皮肤呈现酱紫色；二、这种疫病最先是在一个名叫傅家甸的地方被发现的，那是位于哈尔滨火车站东侧的道外，哈尔滨东北角的一个大约有两万四千人的城镇；三、道外商会内设了临时防疫所，在道里租借了25间房作为养病院；四、因疫病死亡的人员，由官府出钱为他们提供棺材，就地埋葬，而愿意回乡归葬的需要自掏路费。

由于于驷兴既不懂英文也不懂俄语，无法从容地与俄国人交涉，仅对当地行政管理和情势有一些粗浅的了解，他能告知伍连德的信息也仅限于此。于驷兴建议伍连德先去找俄国铁路当局的最高长官霍尔瓦特将军及各国领事了解情况，然后走访傅家甸的官员。伍连德仔细考虑了整体形势后，决定去傅家甸实地考察，先掌握第一手材料，再找相关的外国官员。他召集了哈尔滨的中国同事一同前往。

一辆四轮马车驶入道外的中国人聚居区——傅家甸，这里民房低矮破旧，与俄国人居住的道里和南岗相比，实在寒碜，犹如贫民窟一般。道路旁和旷野里被人遗弃的尸体随处可见，还有不请自来的穿着制服的外国人在那里调查死者的病因。人们惊恐地谈论着高烧、咳血和突然死亡的病患。伍连德感受到，傅家甸正被惶恐不安的恐怖气氛笼罩着。马车停在了道外商会的门口，有两位医师已经在这里等候。此时的傅家甸只有这两位医师，姚乾初和孙葆璐，前者是伍连德的广东同乡，后者来自福建，他们都毕业于天津的北洋医学堂，是疫情暴发后受东三省总督锡良派遣处置疫情。姚乾初说，流行的是一种发生于肺部的瘟疫，从11月初开始在当地居民中传播，起初每天发现一两个病例，后来越来越多，到了12月25日，

被抛弃在野外的染疫尸体，很多尸体的衣物被人扒掉。天寒地冻，尸体保持着死前的姿势，触目惊心（组图）

已有十例死亡病例。商会这里只有两位医师和五位看护，根本来不及逐一检查，只能交给警察处置。患者们会被警察移送到一个临时征用的公共浴室，由两名中医照看，但并没有任何隔离措施。而医务人员的防护措施十分简陋，他们只将一块外科手术用纱布衬上棉花做成防护口罩，遮住脸的下半部。他们的佩戴方式也不对，只是挂在脖子上。大街上被偷偷遗弃的尸体则被用廉价的棺材装殓后送到公共墓地。由于临近春节，大多数人选择扶灵回乡，政府也无法干涉这种传统习俗。

询问了一些情况后，伍连德请姚乾初带他们去见傅家甸管理所有民政事务的地方官及警务长。二人表示，为了扑灭瘟疫，他们能做的、该做的全部都做了，如果伍连德还有什么建议，他们也愿意考虑。相较于地方官，那位警务长提供了更多有用的消息，例如，感染者多是伐木工人、猎人、劳工这类劳动者，病患多聚集在相对密闭的旅店和客栈中。伍连德向他们说明了自己前来调查的使命，他看出警务长似乎更有执行能力和配合意愿，便特别恳请警务长带他去找个合适的病人，以便仔细检查一番。

对商会、巡警的现场调查是有收获的，伍连德发现，病患的症状都指向某种与肺部疾病相关的病症，如咳嗽、发烧、窒息等；感染者多是长期在野外劳作的群体，或许病菌的宿主就在野外；传染多发生在空间密闭的旅店和客栈里，他们有理由怀疑这是一种通过空气和飞沫传播的传染病。要确定病原体、查清传播路径必须有理有据，最快速、最准确的方法就是在显微镜下直接观察到病原体。12月27日清晨，伍连德得到一个消息，傅家甸一名开客栈的日本籍女子此前有咳嗽吐血的症状，于昨天过世了。伍连德和助手立刻带上出诊工具来到现场对其死因进行调查。在当时的中国，解剖尸体是大忌，在传统观念里更是对逝者的大不敬之举，而且法律也不允许这样做。无奈之下，伍连德只得选择了这名日籍死者，而且这件事只能悄悄地进行。在姚乾初的带领下，伍连德和助手林家瑞在一间黑暗杂乱的小屋里见到了死者。他们先把死者的胸部软骨部分移去，然后将注射器插入她的右心房，抽出两管血，放入琼脂试管里培养细菌，又从肺、脾、肝脏中取出组织块，放进浓度10%的福尔马林液体瓶中。整个过程快速有序，取样结束后，他们又快速将尸体复原，为死者穿戴整齐，装进棺材中，似乎一切都没有发生过。这是中国医学史上第一例有记载的现代病理解剖。

当时没有实验室，他们就租用商会的一间房子，临时搭建了一个简易的实验室。他们先用吕氏染色剂给样本染色，高倍显微镜下的样本中都出现了鼠疫杆菌。然后经过三天的室温培养，从心脏、血液、肺、肝脏、脾脏中提取的培养物，在显微镜下均出现了成团的活跃的鼠疫杆菌。

病原体找到了！本次疫情确定是鼠疫！伍连德快速将标本固化，妥善保管。他一边将情况向北京当局和当地政府报告，一边请于驷兴道台、县长及警务长都来观察显微镜下的细菌。虽然都是外行，但眼见为实，众人看到这些从未见过的"小虫子"时惊慌不已。

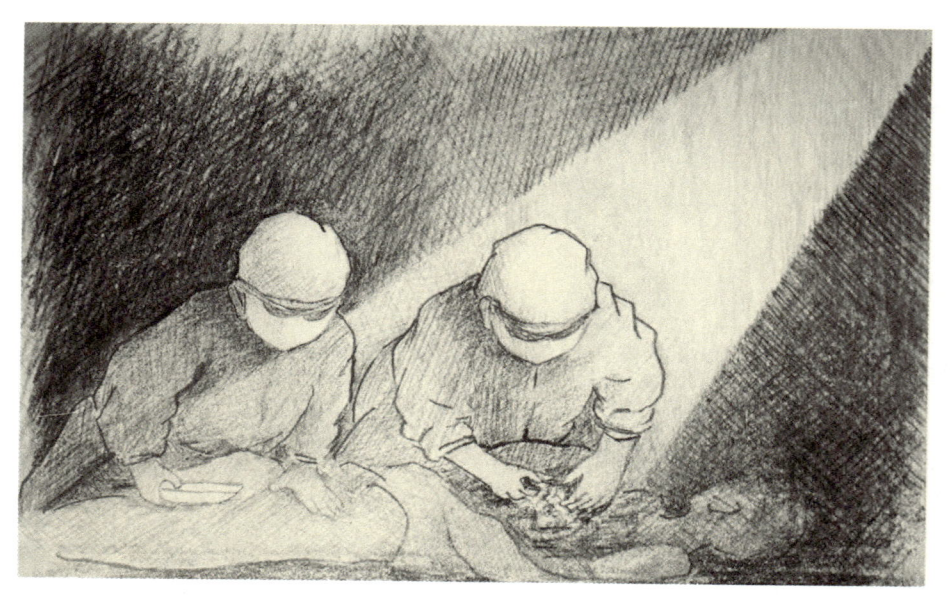

伍连德秘密解剖尸体示意图

鼠疫，又称黑死病，数个世纪以来，曾经多次祸及亚欧大陆，吞噬了无数人的性命。黑死病曾在14世纪中期席卷欧洲，带走数千万人的生命，致使欧洲人口减少了四分之一，严重影响了欧洲的社会结构。死神的幽灵一直游荡了两个世纪之久。因老鼠携有鼠疫杆菌，它身上的跳蚤也就携带了病菌，再跳到人身上，通过吸血把细菌传染给人，感染者通常会在三至八天内出现淋巴肿胀及发热症状，而后迅速死亡，尸体则呈现酱紫色。但是，东北这次的鼠疫与以往的传统鼠疫不同，教科书上的鼠疫是通过老鼠与跳蚤传播、由病人血液感染的腺鼠疫，而此时的东北天寒地冻，并没有大量老鼠活动，疫情却愈演愈烈。

结合流行病学调查，伍连德大胆假设，此次的鼠疫是一种新型的，通过飞沫与空气传播，造成肺部感染的鼠疫，并将其命名为"肺鼠疫"。

常规应对鼠疫的思路是，发现疫情时，立刻通过解剖老鼠，发现鼠疫

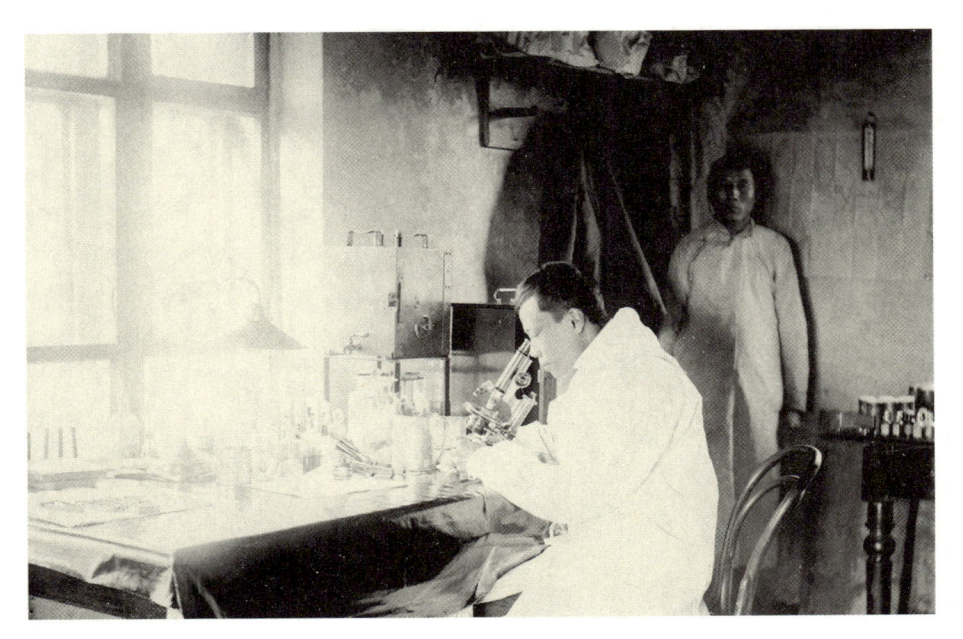

伍连德在显微镜室工作

杆菌，确定传染路径，从而灭鼠以阻断传播。但此次的"肺鼠疫"是通过飞沫传播，老鼠并不介入，且病程一般为三至八天，病死率几乎是100%。伍连德在流行病调查中发现，傅家甸的疫情如此严重，和当地居民的生活方式有极大关系。傅家甸的民居低矮简陋，冬天时天气酷寒，人们为了取暖则会将门窗紧闭，空气难以流通。打工者为省钱，多是十几人甚至二十几人挤在半地下的地窨子旅店里，还将窗户封堵得死死的，一人感染后则会快速通过飞沫传染多人。此时的疫情非常严峻，已经错过了最佳的疫情防控时机。在这种情况下，更大规模的"肺鼠疫"暴发只是时间问题，必须尽快阻断其传播途径。

根据所掌握的流行病学知识，伍连德进一步查出傅家甸的肺鼠疫起源于满洲里。大约在10月24日，满洲里某个村镇中的俄国人最先被传染得病。当时，世界皮毛市场对土拨鼠（又称旱獭）的皮毛需求量陡增，从而

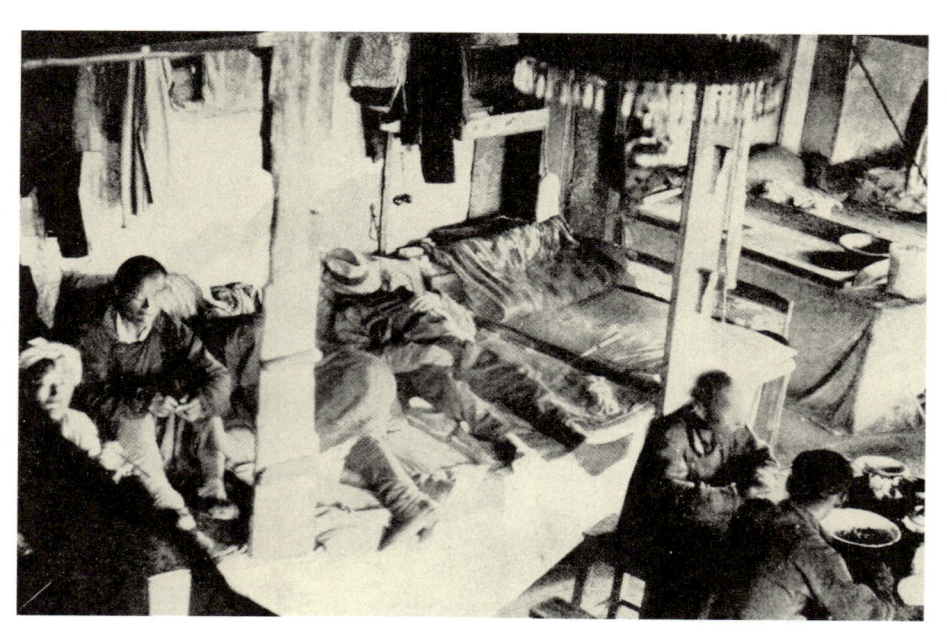

"地窨子"客栈内部的大通铺，旅客吃睡在一起，密不透风，极易相互传染

吸引了大批来自非疫区的猎人前来猎取土拨鼠。当地有经验的老猎手能识别土拨鼠是否感染疫菌，他们知道那些在荒野里行动迟缓、步履蹒跚的土拨鼠大多有病，所以会故意避开不去捕猎。而不熟悉当地情况的外地猎手缺乏辨别经验，为了挣钱，他们不管动物有没有感染疫病，一概作为猎捕的对象。他们抓到土拨鼠后，便带回所住的小客栈，就地剥皮。为了省钱，猎人们还会食用土拨鼠的肉来打打牙祭。在拥挤不堪、空气污浊的地窖子旅店里，一旦有人得病，全旅店都不能幸免，并且疫情还会随着旅客的流动而四处传播。满洲里的病人越来越多，老百姓们开始乘坐中东铁路的火车逃往哈尔滨。而满洲里到哈尔滨这条全长260多千米的铁路沿线有许多大小站点，乘客们会陆续下车。当时，也有不少从山东来到东北闯关东的人，这些外地的猎手和劳工也会乘坐火车返乡，鼠疫就这样跟随着乘客传播开来。

伍连德组织力量，顺藤摸瓜，陆续查明各地首例病人的发病时间，然后证实了鼠疫蔓延的走向：从满洲里开始，经过齐齐哈尔到哈尔滨、双城、吉林、长春、奉天、新民、锦州、秦皇岛、天津、北京、济南，疫情是沿着铁路向南蔓延的。

伍连德指出，傅家甸发生的肺鼠疫已为医学所证实，并且正在蔓延中，应集中全力予以消灭。当务之急，必须制定相应政策并且组建适当的防疫组织。鉴于当地条件普遍落后，伍连德认为，组织应当尽可能简单，但工作效率须足以应对猖獗的疫情，直至将其全部扑灭。为此，他提出了九条论述，包括很多针对性的措施。

第一，傅家甸存在肺鼠疫流行，已经被临床和细菌学检验充分证实。

第二，该传染病几乎完全是由人到人的传播。目前，由鼠到人的传播可以排除，因此当前扑灭瘟疫的所有努力的作用对象应为流动人群和居民中。

第三，西伯利亚边境满洲里和哈尔滨之间的铁路交通必须严格管制，并请俄国当局与中国政府在实施相关措施中进行合作。

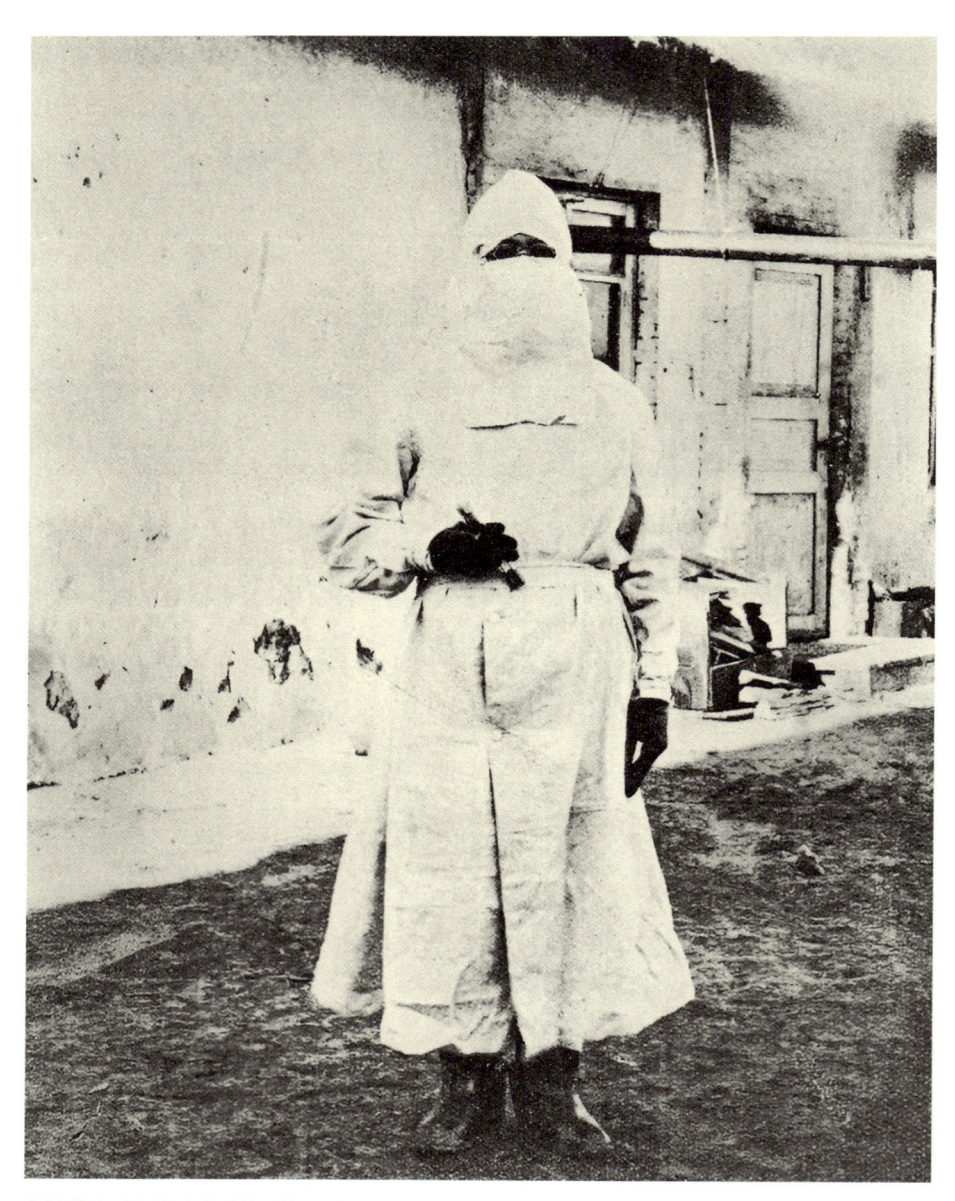

伍连德在哈尔滨防疫时的防护医装照

第四，开放的道路和冰冻的河流也助长了鼠疫的传播，因此必须派人沿途巡视与检查。

第五，傅家甸当地官员应提供更多房舍，供急性患者住院。建立隔离营地，收容接触者，包括鼠疫患者的同住人等。鼓励当地警务系统更充分地合作。

第六，为应对病患激增和防疫的需求，必须招募更多的医生和助手来哈尔滨。

第七，当地道台应为防疫活动提供足够的经费。

第八，严密观察中方管辖的奉天到北京的铁路，沿线的卫生状况必须密切关注，一旦有鼠疫病例出现，必须采取严格的防疫措施，包括建立鼠疫医院和隔离营地。

第九，和日方合作，监控日方所控制的从奉天到大连的南满铁路。

到达哈尔滨仅六天时间，伍连德就确定了这场烈性传染病的性质，并且针对疫情特征与当时社会实际情况，提出了明确的抗疫方向与方法，并以最快的时间完成了外务部赋予的"疫情调查，提出疫情防控措施"的使命。大难临头之时，伍连德展示了一位科学家的水平和担当，也展露了其非凡的心理素质和专业能力。

伍连德即刻将以上建议通过电报发送给外务部和东三省总督锡良，同时寻找合适的落脚点。在傅家甸市区北部，他们租了一座骡马大车店用作消毒站。姚医师和孙医师将从日本药房购买的大量硫黄和石炭酸储备在此。姚医师常把硫黄放在罐中点燃，利用浓烟熏杀空气中的细菌，还将石炭酸兑入40倍的水中稀释后喷洒室内，消毒除秽。伍连德看中了消毒站的一间屋子，便将其作为实验室，不料被一名年轻的日本医生捷足先登。他略懂中国话，自称是受南满铁路派遣前来调查鼠疫，如果有需要，他也愿意协助伍连德。不过，他终日只在屋内解剖老鼠，按照教科书所授方法进行检查，从不出屋。伍连德努力向他解释，当前疫情很有可能是以人传人的方式传播，与老鼠关系不大，但徒费口舌，这名日本医生并不理会伍连德的说法。也难怪他不相信，当时伍连德的这种假设，是对非常有限的资料进行分析得出的，也是科学史上第一次提出鼠疫的分类。当时，伍连德的这个判断并没有详细的、大量的临床资料可以佐证，而疫情局势迫在眉睫，也没有其他科学家可以与伍连德一同探讨。

伍连德的敏锐、自信、冷静和果断等品质在关键时刻发挥了作用。抗疫工作需要当机立断，万不可犹豫不决。伍连德已经对疫情大致有了判断，他想找有关外国官员谈一谈，了解各国对待防疫的态度。12月31日上午，伍连德拜访了中东铁路管理局总办霍尔瓦特将军，在场的还有铁路医务处主管、波兰人雅显斯基博士，哈尔滨俄国防疫局局长冈察洛夫和铁路医院的高级医官博古齐医师。双方通报了各自掌握的疫情情况，雅显斯基还看了伍连德在傅家甸所拍摄的有关肺鼠疫的标本和样片的照片。霍尔瓦特将军表示，疫情状况十分紧迫，他非常高兴地看到中国城中来了像伍连德这样训练有素的专家，并邀请伍连德访问俄国铁路医院进行专业交流。但他也担忧，在如此严峻的情况下，中方人手和医院或许不够。伍连德则向俄方提出借用一些火车车厢，用来安置那些因与患者密切接触而需要隔离的人。霍尔瓦特犹豫不决，但是他允诺会在他的权限之内给予实质性的帮助，并保证尽其所能。

当天下午，伍连德就防疫事务拜访了日、俄、英、法、美驻哈尔滨的领事，却遭受一片冷遇。日、俄总领事似乎更关心政治。英国领事态度冷漠，对中国官吏的办事能力极尽嘲讽。法国副领事只在伍连德谈到自己在巴黎巴斯德研究所的经历时，才表现出一点兴趣。唯一对伍连德给予友好接待的是美国领事顾临先生，他认为中国人民在面对危险的瘟疫时，如果有良好的组织和防疫的决心，那么没有理由不会成功。在当时，他的这番话，对肩负防疫重任的伍连德来说，无疑是莫大的鼓励。顾临后来辞去了美国外交官的职务，被洛克菲勒基金会聘请为美国中华医学基金会驻华代表。此后洛克菲勒基金会来华调查与投资建设北京协和医院时，顾临也发挥了积极的作用。

鼠疫导致哈尔滨城区和铁路沿线的死亡人数不断增加，身负重责的防疫医师们深感忧虑。事不宜迟，第二天，即1911年1月1日，伍连德便前往俄国铁路医院拜访了小哈夫金博士。小哈夫金时年28岁，他的叔叔老哈夫金是著名的防疫专家，在印度研究过腺鼠疫，并且发明了早期的鼠疫灭活疫苗。小哈夫金本人也注射了这种疫苗，因此他认为自己足够安全，不需要其他防护措施了，所以进入病房时，小哈夫金只穿了一件白色的长袍，戴一顶白色帽子，但并没有戴防护口罩，也没有给伍连德配备口罩。小哈夫金得意地带领伍连德参观医院。来到传染病房时，他直接推开房门邀请伍连德入内检查病人。这是十分危险的行为，伍连德并没有心理准备，因为没有口罩的防护，贸然入内会有极大的感染鼠疫的风险，可是如果不应邀进入，则会被对方视为缺乏作为医生的职业勇气，这涉及医生的职业道德和荣誉。怎么办？此时已不容犹豫，伍连德随小哈夫金进入传染病房。病房中共有八名病人，其中六名中国人，两名俄国人，有人在轻咳，有人明显呼吸困难，有人痉挛且咳出了粉色的血痰。伍连德与小哈夫金检查了其中的两名病人。在检查时，伍连德只听诊了病人的背部，并仰起头以避开病人的呼吸。在病房里的十分钟让人十分恐慌，来到屋外后，伍连德才长长地舒了一口气。这次检查无疑是一次严峻的考验，也许是上天的眷顾，知道他还有许多任务需要完成，也许是他没有接触到病人的飞沫与分泌物，也许是病房内条件尚好，细菌浓度不足以传染，总之，伍连德通过了这次惊险的考验。

小哈夫金对伍连德的不安置之一笑，表示他与同事们对老哈夫金发明的疫苗很有信心。就俄国掌握的中俄边境的疫情，小哈夫金认为，对策就是按照应对腺鼠疫的方式进行传统处理。但小哈夫金不知道的是，这次的疫情并非腺鼠疫，他没有搞清楚这次鼠疫的特性、传播方式和病理特征，

中东铁路管理局办公楼

（从左至右）霍尔瓦特、顾临、老哈夫金、小哈夫金

位于哈尔滨的俄国铁路医院

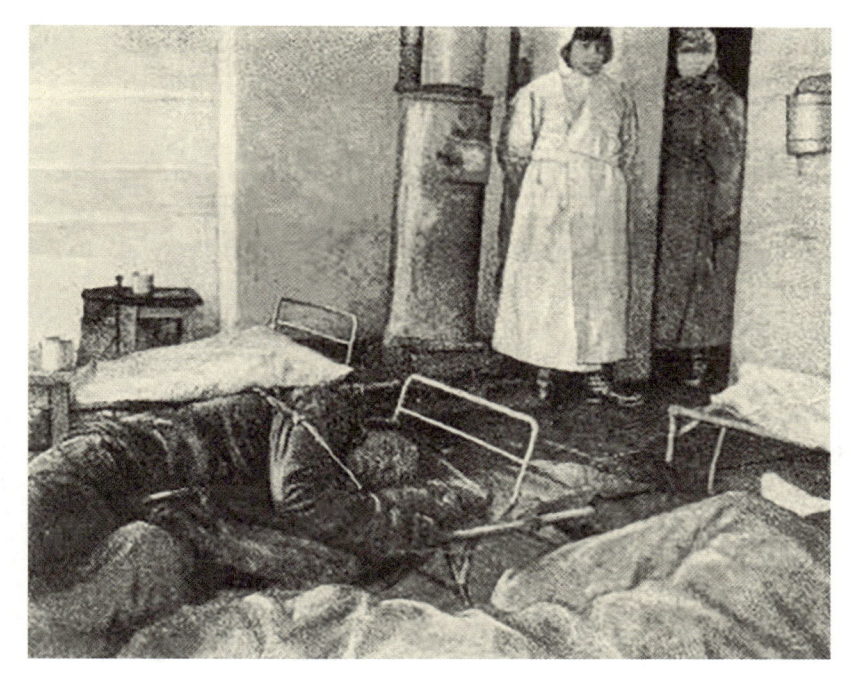

| 5. 东北鼠疫：中国科学防疫第一人 | 059

俄国铁路医院的鼠疫患者病房（一）

俄国铁路医院的鼠疫患者病房（二）

也未能切断人传人的传播路径，更没有对易感染者实施有效的保护措施。在严重疫情下，许多悲剧就是由近乎愚昧的自信、对疾病的蔑视，以及侥幸心理造成的。正是这种片面的认识和错误的判断，导致了伍连德这一次的冒险，以及十天后来访的法国医生梅聂的被传染和不幸离世。

法国医生梅聂

疫病报告不断从市区和铁路区传来。俄国人所在的铁路区在抗疫方面有不少优势，比如他们有高大的建筑、开阔的木材货场、榨油作坊等，还有许多用来储藏大豆和面粉的空荡的仓库，以及货运列车车厢。此外，俄国人还拥有设备精良、技术力量雄厚的医院。相较而言，中国政府什么也没有。傅家甸拥挤而低洼，只有肮脏的小客栈、备有大车停放场所的大车店、学校、几座兵营和校园。尤其是小客栈，条件十分恶劣。在这种半地下的小客栈里，没有单独的床铺，只有矩形的砖砌火炕，宽度占据整个房间，需要从室外添加木块烧火取暖，旅客们坐卧、梳洗和用餐都在同一个炕上。在肺鼠疫流行的当时，一个感染者肺里咳出带有病菌的飞沫，很快就会传染同一炕上的其他人。特别是寒冬腊月，门窗紧闭，室内空气湿热而且不流通，只要有人跟鼠疫感染者接触或住在一起就极大可能会被感染。傅家甸严峻的情况和有限的资源令人感到沮丧。直到中东铁路局最终答应出借120节火车车厢，用于隔离大量的接触者（类似今日所说的疑似病例），中国医务人员的处境才稍有缓解。但当时官员们似乎对事态的严重性熟视无睹，公众又有着听天由命般的麻木，这使得抗疫工作举步维艰。

伍连德到达哈尔滨后，便及时将疫情相关消息向施肇基报告，并第一时间向北京当局建议召集更多的医师和助手。东北各地陆续发生瘟疫的电报不断传往京城，疫情与中世纪时使欧洲数百万人丧生的"黑死病"十分相似，这引起了北京当局的密切关注，甚至产生了恐慌情绪。迫于压力，北京当局正式下令，面向全国相关医学机构，征召训练有素的医生和护士作为志愿者前往东北，协助伍连德扑灭这场危险的传染病。应征者十分踊跃，纷纷许诺鼎力相助。其实，当时全国有资质的医生不过几百名，其中就包括伍连德曾就职的天津陆军军医学堂的医师，还有天津的北洋医学堂，北京的协和医学堂，以及来自济南、烟台、保定、吉林、长春、奉天等地区的许多医师。

伍连德本以为会获得更多的助力，防疫工作也会加快推进，没想到盼来的却是来自同行的阻力。

首先到达哈尔滨的是法国医师梅聂，时年43岁。他是天津北洋医学堂的首席教授，曾经在1908年主持了应对唐山的一次死亡800人的小规模鼠疫，并获得成功。所以在路过奉天时，他信心满满地向总督锡良要求委任他为防疫总指挥，取代伍连德的位置。但总督拒绝了他，并建议他先去实地考察情况再做防疫建议。梅聂于1月2日抵达哈尔滨，但这位洋人医师自命不凡，对"土著"中国人颐指气使，被锡良拒绝后心中颇为不悦。然而，伍连德对梅聂的想法一无所知，在他抵达哈尔滨的第二天就去拜访他。过去他们同在天津为医师，如今身处严重疫区，理应开诚布公地交换意见，紧密合作迎战疫菌，梅聂却处处想压制伍连德一头。

伍连德向他介绍了自己的调查结果，以及自己到达哈尔滨后逐步采取的各种措施，并表示这次暴发的是肺鼠疫，表现为严重的急性肺炎的症状，临床特征是咳嗽、吐血，直至突然死亡。防疫工作应当主要集中精力，严格隔离鼠疫患者，区分确诊病例和疑似病例，并且制定适当限制接触者的规划。同时，医务人员要佩戴防护口罩，给人群接种哈夫金疫苗并注射耶尔森血清。

但梅聂并不在意伍连德的想法，他觉得自己的意见比一个只有30岁的新手所言更加可靠，他一定会让中国政府接受他更"成熟"的意见。伍连德无奈，试图用微笑化解分歧，梅聂却指着他的鼻子愤怒地吼道："你这个中国佬，胆敢嘲笑我，顶撞你的前辈？"这场出乎意料的愤怒和粗鲁的指责匪夷所思，伍连德不愿将事态扩大，马上不卑不亢地回道："对不起，梅聂医师，我本意是进行友好的谈话，不料竟然引起如此不愉快。我别无选择，只得向北京的施大人禀报。"随后，他便离开房间，回到自己的住处。此时，幼年起经历的种种不愉快纷纷涌上他的心头。在家乡槟榔屿、在欧洲，伍连德曾处处受歧视，可是在自己的祖国，竟然也有这样的遭遇，真是令人压抑沉郁。伍连德想："道不同不相为谋，我不能与这种蔑视他人的人合作。"为了不耽误防疫工作，伍连德起草了一份电报，述说了事件的全部经过，并提出了辞呈，让出东北防疫指挥权。与此同时，梅聂也向北京方面要求接管东三省的防疫工作。

争执发生38小时后，伍连德收到了来自北京的官方电报，宣布撤销对梅聂的派出指令，并责成伍连德继续勉力工作，无须介意此次不愉快。在外国人无视中国人，并试图干涉中国防疫主权时，伍连德表现得非常有骨气，他勇担大任，不卑不亢，傲然挺立。国难当头，伍连德与施肇基要合力托起北方的天！

1911年1月5日，梅聂在接到撤销他工作任命的电报后，盛怒之余，立即前往俄国铁路医院拜访小哈夫金博士，要求检查几位病人。就像当时接待伍连德一样，小哈夫金并没有给梅聂准备防护口罩，只是让他换上了工作服、帽子和手套。在病房里，梅聂连续检查了四名病人，对病人的前胸、后背进行了叩诊和听诊。三天后的1月8日，梅聂开始感到不适，有轻微寒战，伴有剧烈头痛和发热，整夜坐立不安，第二天便出现咳嗽，并伴有痰液。小哈夫金接到梅聂的电话后，立刻怀疑是鼠疫，马上命人将梅聂接到自己医院的观察室。经检查发现，梅聂高烧38.3摄氏度，脉搏越来越快，咳嗽也越来越频繁，并伴有粉色血丝的痰液，细菌学检查明白无误地检测出鼠疫杆菌。可是，梅聂并没有接触老鼠和跳蚤，只是接触了感染者！在随后的24小时内，小哈夫金连续两次为梅聂注射了抗鼠疫血清，但没能阻止梅聂身体机能的迅速衰竭。他皮肤呈紫色，不久便丧失意识，于住院第三天（1月11日）死亡，此时距离梅聂医生访问传染病房仅仅过去六天。梅聂医生虽然自以为是，轻视中国医师，但他还是有职业担当的。只是他太过于希望在这次疫情中，凭借此前控制小规模鼠疫的经验大展身手，反而葬送了自己的性命。梅聂医生的暴毙，迅速引起了广泛的反响。俄国防疫部门立刻查封了梅聂所在旅社的三层大楼，从他的卧室里搬出衣物和文件等进行焚毁，并将他可能用过的所有房间均用硫黄和石炭酸进行消毒，48小时内禁止任何人进入。同时，哈尔滨的总领事和各国领事都将这个消息通报给了本国政府，当地俄文和中文报纸均详细地报道了这位著名医师的患病始末。自此，俄国人开设的大型旅店不再对防疫人员开放，伍连德也只能搬到道台府居住。

　　恐慌遍及各处，这是两个月以来，各界公众第一次认识到这次肆虐的恐怖瘟疫究竟有多么凶险，伍连德又是一位多么值得信任的专家。这场震惊东北的悲剧事件终于使民众醒悟，连天津北洋医学堂的资深洋教授都难逃鼠疫的魔掌，其他人更无安全可言。此后，对伍连德提出的防疫措施，再没有人敢怠慢。人们此前对他轻视、怀疑的态度和对这次疫病的认知，都发生了巨大的转变，这也使得哈尔滨抗疫大局得以迅速扭转，为之后伍连德指挥抗疫成功打下了基础。

　　梅聂医生的死亡，让人们认识到了口罩的作用，于是，供防疫使用的口罩被大量生产出来，连素来不戴口罩的小哈夫金也戴上了。当时的口罩

梅聂居住的格兰德旅馆

并不规范，有的是一块黑纱布包裹着布片，有的是一块外科手术纱布衬上棉花，还有的就是一片布条。当时比较正规的防护口罩由多层纱布组成，但也正是多层纱布的结构导致了一个十分严重的问题：使用者呼吸困难。此外，不是所有人戴口罩的方法都正确，有人把口罩松弛地挂在耳朵上，有人则套在脖子上当护身符。正确的佩戴方法应该是严密保护鼻孔和口腔，将其完全用口罩覆盖住。

伍连德自抵达哈尔滨后就留意到这些。为了解决口罩的问题，伍连德在旧式口罩的基础上进行了改良。他用一种折叠多层的大约15厘米×7.5厘米的纱布裹住消毒药棉，并经过反复实验和显微镜观察，确认了药棉的最佳厚度，研制出"伍氏口罩"。伍连德还对口罩的佩戴方法进行了严格的规范：佩戴时，上边的两条缚带分别绕过耳朵上面，系于脑后；中间的两条分别绕过耳朵下面，系于脑后；最下面的两条向上绕，系于头顶（后来的口罩形式只有两对缚带，都系于脑后）。这种口罩简易柔软，松紧度

哈尔滨道台府

伍连德居住的大都会旅馆

可以调整，戴上后与面部和脖子紧贴，医务人员长时间佩戴也没有不适的感觉。伍连德要求防疫人员必须佩戴，并把口罩直接发放给参与防疫的医生、士兵和杂役等。鼠疫病人入院治疗期间也必须佩戴口罩，防止通过飞沫或痰液传染给其他人。这套标准化、规范化与制度化的医用口罩制作和使用流程起到了有效阻断人际传播的作用。两块纱布加一块药棉的"伍氏口罩"被推广后，大大降低了疫情人传人的可能性。人们也逐渐意识到，"伍氏口罩"可以防御由空气传播的疫病，由此被快速推广开来。"伍氏口罩"保护效果好，制作成本低，在后来的万国鼠疫研究会上，还受到了各国专家的称赞，它也成为现代口罩的前身。

梅聂去世后，伍连德全权主持防疫工作，涣散的人心开始聚集，地方官员也开始积极配合。东三省总督锡良和吉林巡抚陈昭常担忧哈尔滨

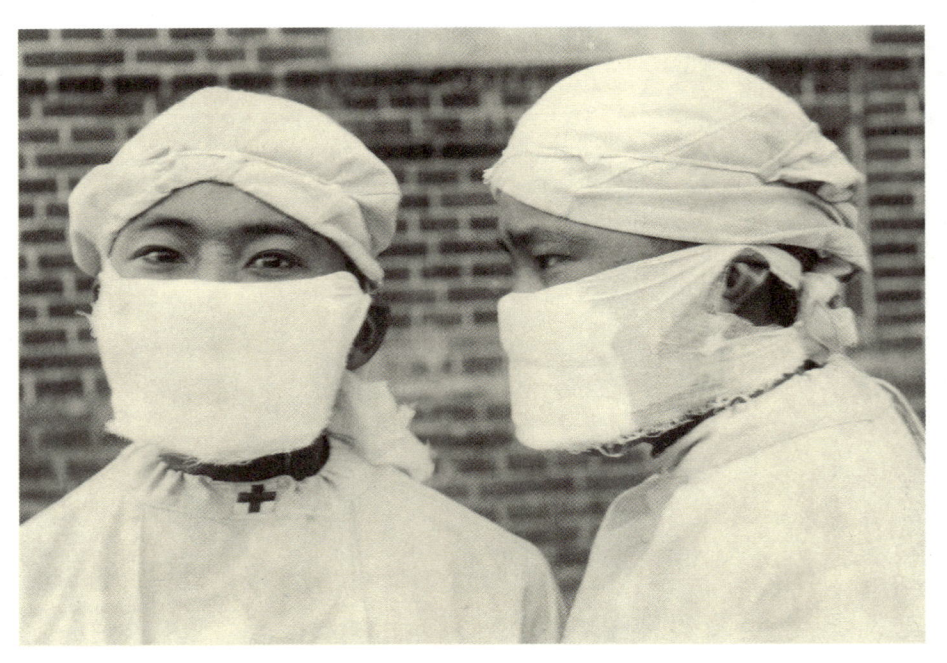

伍连德《肺鼠疫论述》著作中的伍氏口罩佩戴图（正面、侧面）

的防疫事务会酿成重大外交事件，即刻抽调力量增援哈尔滨。陈昭常作为伍连德的故交，更是亲自前往哈尔滨督察整顿，组建哈尔滨防疫局，任命于驷兴为总办，谭兆梁为驻局总办，宋春鳌为会办，伍连德为总医官。对任命伍连德为总医官一事，陈昭常向各方申明"于防疫事宜授命全权，统率各医"。然而，临时组建的行政机构运转效率并不高，官员对待防疫工作的意识也不强，这一度引来俄方的不满和媒体的讥讽。锡良得知后，即刻通知哈尔滨当局，改任吉林交涉使郭宗熙为总办，将于驷兴革职，并将行政官员进行了大幅调整。自此，防疫局的内部管理得到了改革，规章制度逐渐完善，明确了以伍连德为主导，结合行政官员辅助的防疫架构。

在官方的支持下，伍连德更加全身心地投入防控鼠疫的工作中。然而，此时传染病医院已经人满为患，患者死亡人数陡增，有时候一天之内死亡人数会高达四五十人。由于防疫人员过少，形势一时很难扭转，直到1月28日，盼望已久的医生和助手陆续赶到，他们才有了足够的人手应对疫情，这其中还有伍连德的好友全绍清。此前独自苦苦支撑的

1911年，伍连德所著《鼠疫及消毒法》一书详细介绍了口罩的使用方法（组图）

伍连德终于得到了增援，防疫工作才得以真正开展。虽然只有几十人，但这已经是当时中国政府所能调动征集人员数量的极限。在伍连德的领导下，防疫人员开会讨论，最后决定采取对外断路封城、对内分区管理的措施。实施情况：

对外

1.设置两处检疫所：一处设在道里至道外的铁路大桥边，一处设在进入傅家甸交通咽喉处，让地处哈尔滨的傅家甸成为一座"城中城"。

2.严格控制人员流动，断绝傅家甸道里和道外的交通；阻隔傅家甸内部交通；隔绝傅家甸外围交通。

3.从长春征调1160名步兵来哈尔滨，封锁疫区外围交通要道，控制傅家甸人员流动，阻止城内受惊出逃的居民，同时威慑俄国驻军，使其不敢借机生事。

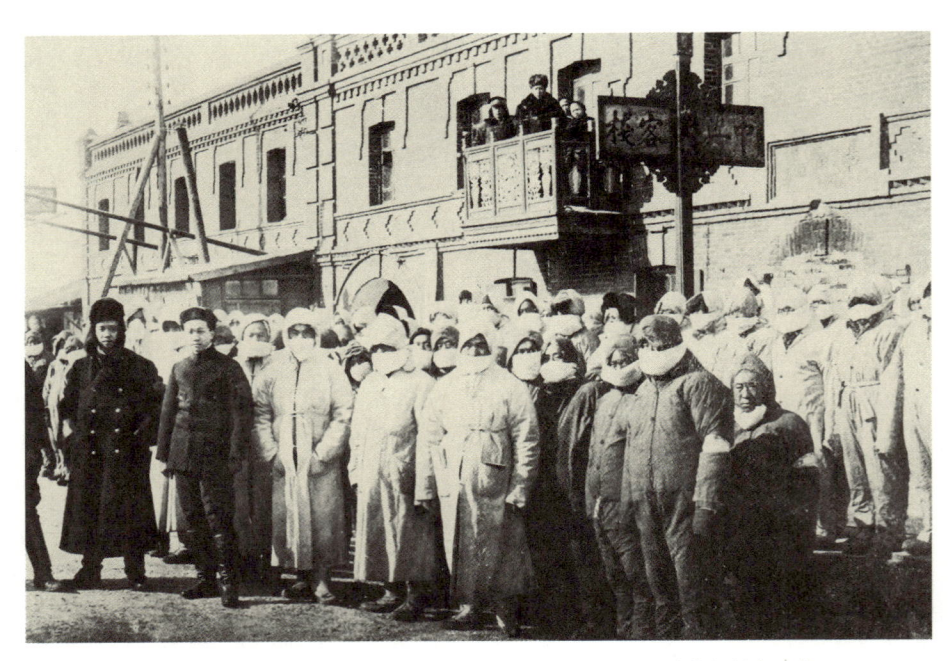

第一区防疫执行处防疫人员合影。后面原是客栈，被征用作第一区防疫执行处办公室

第二区防疫执行处防疫人员合影。后面原是衙门，被征用作第二区防疫执行处办公室

第三区防疫执行处防疫人员合影。前排为医官，后排为车夫、士兵等其他工作人员

第四区防疫执行处防疫人员合影。征用滨江官立女子两等小学堂作为办公室

对内

1. 将傅家甸分为四区,每区居民必须在左臂上佩戴政府发给的证章。这种证章分为白、红、黄、蓝,分别代表一、二、三、四区的居民。居民只能在本区范围内行动,如想去其他区,必须申请特别通行证。驻军也必须遵守这一规则。凡城外的士兵,没有特别通行证不得进入或离开城市。

2. 征募600名特别警察,使其接受防疫工作的训练,在医生的监督下,配合防疫队伍进行逐户排查。

3. 每区驻有1名高级医官、2名助理医官、4名医学堂学生、58名卫生杂役和26名警察,挨家挨户检查工作。此外,配备12辆大车,用来运送病人和死者;16副担架,用来抬送病人。由医官将住户分为健康人、疑似病人和鼠疫患者三类,一旦发现鼠疫患者,即刻送往新的鼠疫医院;其家人

| 5. 东北鼠疫：中国科学防疫第一人 | 071

运输车特写图：左为接触者运输车，右为确诊患者运输车

运输工具，从左至右依次是：抬病人的担架、确诊患者运输车、接触者运输车和死者运输车

第三区防疫执行处救急队及担架

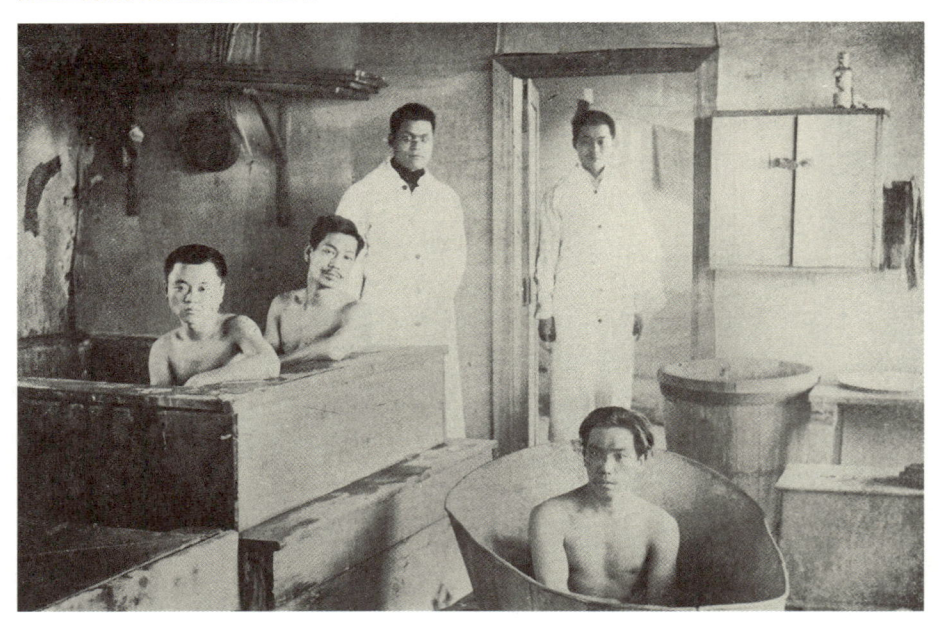

可作为模范标准的第三区防疫执行处消毒室

和接触者则被送到各区的隔离营地或俄国铁路局出借的车厢内，加以隔离观察，并对鼠疫患者居住的房屋和使用的物品进行彻底消毒，同时每日向伍连德呈交疫情报告。

4. 各区设立一个集中的防疫办公场所，并尽可能改造为四个部分：办公区、消毒站、医务人员宿舍和接触者的隔离营地。防疫办公场所设立严格的防疫流程，外部进入的信件和报告必须先浸泡在杀菌溶液里，晾干后再由杂役送达医官。每天工作完毕，所有的防疫人员都需要从后门进入消毒室，经1∶40的石炭酸水溶液喷洒衣服，再进入更衣室，脱下外衣，然后才能进入另一个房间脱下内衣，最后进入浴室。在浴室内用加入来苏尔和石炭酸的热水全身浸泡一段时间，并且漱口清喉。所有受污染的衣物都需要在1∶3000的升汞溶液里浸泡或者用福尔马林水熏蒸。

这种城外士兵把守、城内警察巡防的管控制度，几乎杜绝了躲避监管的情况，虽然严格刻板，规矩复杂，但运行良好。伍连德在晚年时所写的

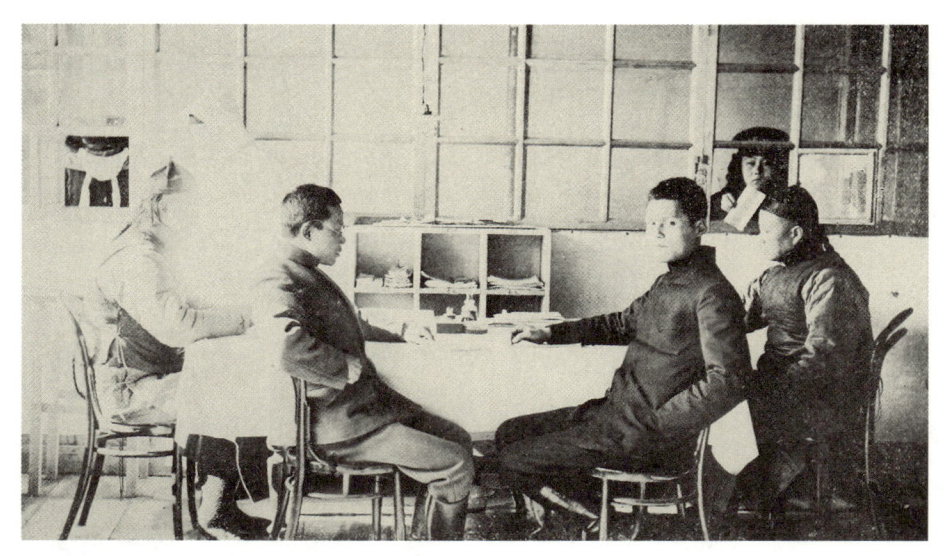

可作为模范标准的第三区防疫执行处办公室：通过玻璃设置隔离窗口，文件消毒后递入。前排左边为伍连德

自传中回忆当时的情景："我扮演了庞大组织的'总司令'的角色,对医生、警察、军人,甚至地方官吏下命令。"由他指挥的各类人员组成的防疫大军,夜以继日地战斗在抗疫第一线上,这一切充分反映了伍连德杰出的组织才能和惊人的抗压能力。

哈尔滨防疫局按照伍连德的指示,下设了检疫所、隔离所、诊病所、避寒所、消毒所等部门。诊病所下设疫症院、轻病院、疑似病院和防疫施医处等。各病院都配备了医官、庶务、司药生、看护、巡长等职务,为不同病情的患者提供隔离与治疗。由于新增病患太多,接触者大增,原有的隔离所很快不够用了,伍连德向俄国铁路局借用的120节火车车厢便被改造成隔离病房,收容了大量的密切接触者和疑似患者。伍连德及其他医务人员对这里实施严格监管,每日早晚都要给接触者测量体温和脉搏,一旦接触者出现发热、咳嗽等症状,立即转入旁边的疑似病院进行隔离,经过

给避寒所的人们发放米粮

细菌学检验确诊后，就转入鼠疫医院。在物资匮乏、医疗不足、疫情肆虐的情况下，这种早期的隔离医院为控制及消灭疫情筑起了一道屏障。

向俄国铁路局借用的 120 节火车车厢被改造成隔离病房

消灭鼠疫不仅要与危险的病菌抗衡，还要与因未受科学教育导致的无知做斗争。在疫情如此凶险的时刻，尽管已告诫民众注意卫生防护，仍有人为了钱财，或深夜潜入病房盗窃垂死患者的衣服和钱物，或对被丢弃在旷野及堆积在墓地的尸体进行搜刮。为了应对这些情况，只能更加审慎地对防疫人员进行教育培训，并加强巡防督查。与此同时，伍连德也意识到，抗击鼠疫的最大阻碍就是医学知识的缺乏和医疗体制的不健全。政府保守封建，民众则很少接触现代教育，对这种传染病缺乏正确认识。因此，他想尽一切办法努力教育官员和民众。对待官员，他通过与北京当局积极沟通，自上而下地建立起科学的防疫观念。由于政府重视，态度开明，民间也受到了鼓舞。对待民众，伍连德号召社会团体和当地具有威望的商会乡绅，积极成立各种民间防疫机构。还联合《盛京时报》《大公报》《申报》等报刊进行防疫知识的普及和宣传，开辟专栏或连续刊载预防鼠疫的相关知识，号召民众改变不良生活习惯，甚至从国家民族存亡的整体高度来分析卫生问题，在社会上树立起公共卫生观念。政府的支持

给避寒所的人们发放冬季取暖用柴

为收容妇女、儿童设置的避寒所

| 5. 东北鼠疫：中国科学防疫第一人 | 077

车厢隔离之日常检查

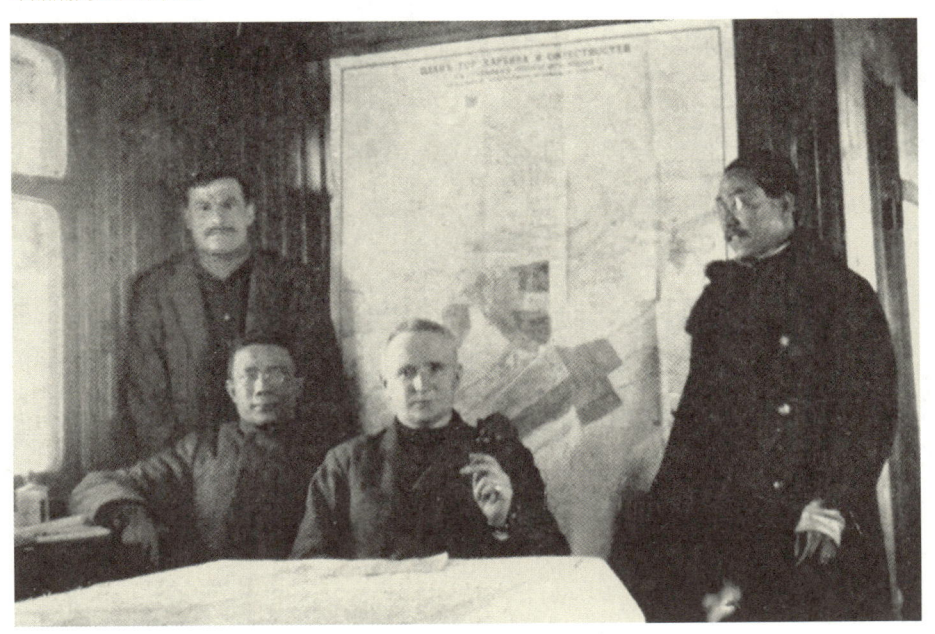

车厢办公室。从左到右依次是斯滕豪斯、伍连德、阿斯普兰、全绍清

和本地官民的统一认识，让伍连德备受鼓舞，科学防疫开始深入人心。但就在防疫隔离措施逐步推进时，一些蒙昧的宗教信众差点酿成大祸。

当时，哈尔滨几乎所有人口密集、传播风险较大的公共场所都依照规定关闭了，一座地处傅家甸偏僻角落的罗马天主教堂却以"治外法权"为由，拒绝接受防疫管理。这座教堂由一名法国神父负责，院落中住着300多人，法国神父和本地神父还会定期举行礼拜仪式。卫生警察队发现这里在夜间有偷埋教徒尸体的情况，而且这些教徒非常有可能死于肺鼠疫。伍连德得知后震惊不已，然而官员们的态度却十分模糊，只因教堂的事一旦处理不善，就可能成为涉及外交和宗教的大事件。可抗疫之事人命关天，为了挽救幸存者，伍连德当机立断，决定马上进行干预。他先向法国驻哈领事处报告此事的严重性，随后带领防疫局的医务人员和军队警察赶往教堂强势接管，将剩余幸存者安置到另一院落并予以特别照顾。经过核查，这座教徒聚集超过300人的教堂，已经有超过100人死亡。因为患病者太多，秘密埋葬已不可能，所以未被掩埋的棺材越来越多。最终死亡人数达到了243人，中法两国的神父均未能逃过劫难。

在举步维艰和期待中，两周多的时间过去了，每日鼠疫死亡率持续上升，并且不断有医护人员被传染。最初建成的医院是由浴室改造的，卫生条件远不理想，众多病人挤在一处，在病痛和惊恐中煎熬着。每天的死亡人数从40人增加到60人，不断有尸体被抬出，也不断有新的确诊病人进入。后来，新设的医院是由带有开阔院落的大型客栈改造的，备有木制单人床，条件尚可，但死亡率并没下降，形势未见好转迹象。有时状况可以稳定一到两天，但汹涌的疫情又会瞬间暴发，死亡人数迅速上升，一天内甚至高达183人。人们从最初的热切盼望到渐渐失望，甚至是绝望，对伍连德的信心也产生了动摇。但伍连德不为所动，依旧带领团队在失望中顽强坚持。

在这种沮丧情绪蔓延的时候，唯一值得庆幸的是，似乎有人具备天生的免疫力。在傅家甸瘟疫流行初始，民间草药医生顾喜诰和他的配药助手贾凤石自愿到鼠疫医院的浴室坐堂，他们始终坚守在一线。由于不习惯复杂的防护措施，尽管伍连德多次下达指令，他们仍经常不戴口罩。令人惊奇的是，当周围人不断被感染的时候，他们俩却安然无恙，毫无顾忌地继续着这份危险的工作。伍连德一度寄希望于人群已经出现免疫力，能抵御鼠疫的感染和传播，但这个愿望很快就被快速增长的死亡人数打消了。

此时的哈尔滨，春节将至，却丝毫没有过年的气氛，老百姓深居简出，傅家甸封城断路，街上一片肃杀之气。究竟哪里还存在问题？伍连德苦思冥想，不断翻看着过往的汇报文件，并在傅家甸的四个隔离区内四处考察，试图找到防控系统中的漏洞。封城、断路、检疫、隔离、口罩、消毒……还有什么环节没被考虑到呢？看着负责抬埋尸体的队伍，伍连德突然想起，尸体的处理怎么样了？他随之来到城北的公共墓地，面对那里的凄惨景象，他目瞪口呆。

鼠疫发生以来，起初是由政府主导埋葬，大街上收集到的尸体均由政府出资购买棺木装殓，运往城北公共墓地安葬。后来因为死亡人数激增，

堆积起来的棺木

所以决定不用棺木而直接掩埋。然而1月份的哈尔滨正值隆冬，地冻五尺，七八个工人一天也挖不出一个坑穴，人手不足，死者又每日增加，已经有死者停留了六周仍没有下葬。数不清的棺材和遗体只能露天停放，待到来年土地开化后再掩埋。这些遗体已然形成了一条绵延三里地的"长蛇阵"，横七竖八地散摞在坟场中，或挺直，或蜷缩，或裸体，甚至有些被野狗啃食。棺材也大多是敞开的，有些遗体的胳膊或腿以骇人的姿势伸出来，令人毛骨悚然。

现代研究表明，引起鼠疫的鼠疫杆菌（Yersinia pestis）属于耶尔森氏菌属（Yersinia）。它是引起烈性传染病鼠疫（Plague）的病原菌，同时也是致死性细菌战剂之一。鼠疫杆菌为短小的革兰氏阴性球杆菌，新分离株以美兰或吉姆萨染色，显示两端浓染，有荚膜（或称封套）。一般温度在0到45摄氏度就可以生长，最适温度为27到28摄氏度。鼠疫杆菌可以在零下30摄氏度存活，在冰冻的尸体中可以生存数月。但它对热敏感，在55摄氏度的环境下15分钟即失去活力，日光直射下三四个小时即会死亡。

傅家甸公共墓地的这种情况严重威胁公共卫生，伍连德目睹了这一切，大为震惊。来不及伤怀，他唯一的念头就是尽快处理病尸。于是，他拟定了一个集体火葬的办法。可是"死者为大，入土为安"是祖上规制，中国人一直采用土葬，这是几千年来形成的习惯，牢不可破，更何况当时的法律明令禁止焚烧尸体，谁敢把亲人尸体焚毁，那简直是莫大的亵渎，罪不可恕。经过内心激烈的斗争，伍连德直面现实，为了彻底消除隐患，集中火化是目前唯一可行的办法，哪怕怨声载道，也只能这样做。

为了避免公众的抗拒，伍连德想到了圣旨。在封建社会，皇帝具有最高权威，只有皇帝的圣旨才能让老百姓听命。为了能迈出第一步，伍连德必须争取到当地官吏和头面人物的支持。于是，伍连德邀请官员及乡绅到公共墓地来，让他们身临其境，亲眼看看这绵延三里，令人不寒而栗的尸体堆。听到伍连德提出火葬，在场所有人都面面相觑。伍连德坚定地告诉众人：火化尸体是当务之急，如果不能断然处之，防疫大业必将功亏一篑。坟场的视觉冲击最终让这些官员乡绅同意了伍连德的想法。他们一致同意，支持伍连德奏请朝廷允许火化这些鼠疫死者的遗体。

1月25日，伍连德在上奏的电报里言明：多达2000余具病尸陈于路旁，这对百姓和防疫人员都是一种严重威胁；招募不到足够的劳工挖掘必要的墓穴，因为病尸带有鼠疫病菌，没有人愿意在冻土上从事如此危险的劳作；若野鼠噬咬被感染的病尸，将病菌四处传播，那后果将不堪设想；未掩埋的遗体惨状令医务人员失去信心……因此，呈请皇上下一道谕旨，将2000多具病尸全部火化。火葬三日内即可完成，以绝后患。

同时，全城官绅也联名上书吉林巡抚，奏请朝廷特准焚尸。请旨的电报发出后，众人都焦急地等候着朝廷的许可，毕竟不仅在当时中国，在全世界历史上，这都是破天荒之举。直到发出电报的第三天，1月28日，外务部才回电，通知伍连德奏请已经获得批准，可依计划行事。1月30日，伍连德派医务同人全绍清医师雇用200名工人，于次日清晨开始前往坟场

用人工消防泵往尸棺堆上浇注煤油助燃

收集棺材和遗体，将其按照100具为一堆叠放，共计22堆，并用人工消防泵喷洒煤油以助燃烧。

1911年1月31日下午2点，傅家甸的坟场上燃起了冲天火光，这是我国有史以来第一次大规模地对疫尸的集中火化，伍连德特请政府官员前来共同监督与鉴证这一历史场景。一声令下，由近及远，须臾间，火被点燃，荒野上绵延千米的尸棺堆上，浓烟滚滚升腾而起。火葬结束后，因为焚烧使冻土融化，骨灰得以被集中埋入新挖的深坑中，之前长达三里地的棺材与病尸，经过一天的火化，竟然荡然无存了。这次集中火化病尸是扑灭这场瘟疫的关键之举，是伍连德为救百姓敢于破除千年旧习的惊世之举。

在场观摩的还有俄国防疫局官员，他们此后也效仿了这种做法。据记载，2月份共火化了1416具遗体，其中1002具是从坟墓里挖出来的。其他疫区也纷纷效仿这种简单、直接的处理病尸的方法，长春防疫局报告称，其辖区内有4643具遗体被集中火化。

抗击鼠疫的情势此时发生了明显好转。举行火葬的当天，正值大年初二。傅家甸这座小城中的24 000名居民，几乎逝去了四分之一，新年之际被瘟疫笼罩，到处可以听到悲切的哭泣声。伍连德为了振奋幸存者，领导防疫局散发传单，号召民众在新年祈福之际燃放鞭炮，不仅在室外，在室内也可以燃放。春节期间燃放鞭炮是我国的传统习俗，它有两层意义：其一是招来好运；其二是驱除邪恶，包括病魔。从现代科学观点来看，燃放鞭炮释放出来的硫黄，能杀灭空气中的病菌，起到对环境消毒的作用，这比一般的喜庆有更深层的意义。

由于采取有效而果断的防疫措施，从实行火葬那一天起，病死人数出现了拐点，病亡率开始下降，并在整个2月份期间持续减少，没有反复。直至3月1日，大部分疫区的病情已经被控制住，没有新的人员死亡。大家欢呼雀跃，为这场艰苦卓绝的斗争庆贺。一番庆祝之余，伍连德继续冷静

| 5. 东北鼠疫：中国科学防疫第一人 | 083

长春疫区运送尸棺到集中火葬场焚烧（一）

长春疫区运送尸棺到集中火葬场焚烧（二）

日本专家北里柴三郎（左五）在长春火葬现场

地命令工作人员坚守岗位，不准懈怠，巩固这来之不易的成果，注意相邻市县是否有散发病例的出现。

这场惨绝人寰的瘟疫，从1910年12月24日起，在伍连德的带领下，仅用六十七天就使病死数清零，堪称医学奇迹！

据哈尔滨防疫局统计，此次参与防疫的2943名工作人员中，有297人染疫死亡。殉职的人中有医生、学生、警察、士兵、当地的中医、急救车司机、辅助工人、医院杂役、巡查员和掩埋尸体的劳工，他们当中很多人没有留下姓名。这些防疫工作者的平均死亡率达到了10%，他们用自己的血肉之躯筑成了阻拦疫病的长城，作为抗疫先锋，他们值得我们尊重和敬佩。

面对凶险的鼠疫，医生与普通人并无区别。但专业知识与医生的身份让他们承担了艰巨的任务与责任。不少医生是在照看病患的过程中不幸染病去世的。有一名叫许世铭的医生，年仅26岁，在傅家甸新建成的鼠疫病房里负责诊治病患。许医生对待病患尽心尽力，严格按照防疫局制定的规章制度行事，防护用具齐全，操作行动谨慎，但却在接受一名仆役递来的茶水时，接触到了他的飞沫。谁料，这名仆役实际上已经感染了鼠疫，并于当晚去世。许医生在三天后出现症状，伍连德立刻将他接到自己的病房中给予诊治。不幸的是，许医生在出现症状两天后就去世了。在这短短的两天内，伍连德亲自照看他，并对他的病情做了全程详细记录。许医生去世后被单独火化，骨灰被运回了他的故乡福州。

在这次东北的抗疫中，还有不少外国医生和志愿者，梅聂医生便是其中之一。尽管他骄傲自负，轻视中国同行，但不可否认，他是一名心系患者的良心医生。1911年1月5日接到被撤销任命的电报后，他并没有负气离开一线，而是立刻前往鼠疫医院检查病人。三天后发病，又三天后死于肺鼠疫感染导致的器官衰竭。他的过早离世令人唏嘘，也令人警醒。梅聂医生作为国际人道主义志愿者，值得我们纪念。

此外，还有一位名叫亚瑟·杰克逊的英国医生，当时，他刚从剑桥大学毕业来到奉天的苏格兰长老会使团医院工作。他自愿承担起一项最艰苦的工作：跟随每次列车，检查京奉铁路北段奉天到山海关之间三等车厢乘客的健康状况，并将发烧、咳嗽的病人安置在车站附近配有看守人员的小型客栈中，然后再将他们一起送到隔离医院，这期间要全程密切监视，以防病人逃跑。尽管杰克逊医生此前接种过鼠疫预防疫苗，但在这次肺鼠疫大流行中，这位认真勤勉的医生还是不幸被感染，最终于1911年1月15日不幸病逝，年仅26岁。1月26日，《盛京时报》报道了他染疫去世的消息。他称得上是一位高尚的人，也是一位国际人道主义战士，在最艰苦的地方献出了自己的宝贵生命。更令人动容的是，杰克逊去世后，专程赶到奉天认领骨灰的杰克逊亲属将清政府发放的一万元抚恤金全部捐献出来，用于修建奉天医科大学。

除了这些前线的医务人员，那些在幕后默默为伍连德保驾护航的政府官员，同样是抗疫的功臣。伍连德在回忆东北抗疫时，把最大的功劳归功于施肇基，正如施肇基在回忆录里热情赞扬伍连德却只字不提自己一样。伍连德认为，如果没有施肇基这位不推卸责任，勇于担当的上司在北京做

杰克逊医生是奉天盛京施医院院长司督阁的助手，1911年1月染疫殉职

杰克逊医生在车厢隔离营对隔离人员测体温

他的坚实后盾，运筹帷幄，多方斡旋，甚至忍辱负重，他是不可能完成这个使命的。

在这次凶险的抗疫行动中，有两个关键事件扭转了当时所处的局面，并且直接决定了抗疫行动的走向，而施肇基正是推动这一切的关键人物。

一是伍连德抵达哈尔滨后遇到的第一个大难题——梅聂争权。在争分夺秒的抗击疫情中，回复伍连德的请辞电报足足花了施肇基三十八个小时。在这三十八小时内，施肇基不仅要考虑伍连德与梅聂之间的矛盾调和，更要考虑军队内部陆军和海军的关系，外务部和军方的关系，甚至是清政府和洋人的关系。东北防疫不是儿戏，一旦行差踏错，百姓苦痛，洋人发难，朝廷追责，后果不堪设想。即使是以今天的标准来看当时的情况，从资历、经验、职务、身份各方面来衡量，伍连德也不比梅聂更有优势，似乎选择梅聂更加容易一些。施肇基权衡再三，终于下定决心支持伍连德，就是因为看中了伍连德的学识能力与勇于负责担当的精神，以及一定要将防疫主权握在中国人自己手中的坚定信念。施肇基先借助海军部中伍连德故交谭学衡的支持，命梅聂返校，再利用英法相争的矛盾，以伍连德英国剑桥优秀毕业生的履历争取到英国领事的支持，才终于能以官方身份正式通知伍连德继续主持东北鼠疫防疫工作。

二是为了堵住防疫系统中的漏洞，而不得不与根深蒂固的传统伦理习俗抗争，举行火葬。伍连德提出的这个惊世骇俗的方案，让施肇基奔走了三天。疫情焦灼，防疫快一个月了还没有成效，伍连德又提出这种石破天惊的要求，可想而知，施肇基面对的是何等的压力。为了能让朝廷准许，施肇基周旋于将军、大臣和王公之间。满朝冠盖，能推就推，能躲就躲，谁都不想在这种大逆不道的事情上沾惹一丁点儿是非，就连"开明"的驻华使团在这件事上都默不作声。施肇基带着东三省总督锡良和奉天巡抚陈昭常的奏章与自己的顶头上司那桐相商，终于争取到让摄政王载沣召集各部大臣商议此事的机会。意料之中，在廷议上，各部王公大臣对焚尸之事轻则冷嘲热讽，重则兴师问罪，七嘴八舌一通申斥，载沣也不置可否，道声再议就散去了。施肇基不肯放弃，追到了摄政王府，苦等多时求得载沣一见。先道天下安危，正值环球注目之时，后述伍连德的功绩已获各国赞许，又用清政府开风气之先，进入现代化之壮举领先于世界等话语，令载沣动摇，最后，施肇基以身家性命做担保，请求摄政王在紧要关头当机立断，力挽狂澜。万幸，命运的天平最终倒向了伍连德与施肇基，摄政王载沣拟旨，准伍连德所奏。

如今看来，施肇基慧眼如炬，多年前在马来亚就留意到伍连德这位默默无闻的青年才俊，在国家危难之时，又向朝廷力荐这位年轻的医师，并在关键时刻坚定地选择他，支持他，为风雨飘摇中破碎的国境垒上一块坚实的基石。施肇基甚至为了让伍连德这个几乎没有抗疫经验，中文不如英文流利的人能清晰地表达他的观点，解释他的行动，避免不必要的延误，还允诺他可以使用英文及时与自己电报沟通，再由自己翻译传达给朝廷。这足以看出施肇基对宝贵人才的保护和爱惜。

对伍连德来说，除了有施肇基在北京全力以赴的支持，吉林巡抚陈昭常也是极为重要的人。他是伍连德初到北京时结识的故交，正是陈昭常下令全省，尤其是哈尔滨的官员，要无条件服从伍连德的调遣，才使伍连德指挥起来得心应手。他还在伍连德向朝廷提议火化方案时，同样上奏朝廷，附议鼎力支持伍连德。更值得庆幸的是，东三省总督锡良，是清政府中一位难得的开明官员，在关键时刻不仅上奏朝廷大力支持伍连德，还积极组织防疫工作配合伍连德提出的各种措施，在民众中树立起卫生防疫观念，普及科学知识，大大改善了城市的公共卫生环境。

1910年至1911年间的这次鼠疫波及了五省两市，传播趋势由北向南，远及2700千米，时间长达七个月之久。清政府委派伍连德来哈尔滨主持防疫，为了收容治疗鼠疫病人，他先后在东北几个防疫要地——哈尔滨、满洲里、黑河、拉哈苏苏（今同江）、三姓（今依兰）、齐齐哈尔、牛庄

（今营口）等地设立防疫医院。伍连德于1911年1月在哈尔滨建立起第一所防疫机构并出任总医官时，年仅32岁。由于他精通细菌学、流行病学与公共卫生学，加之他不顾个人安危在国家和人民需要的时候挺身而出，深入疫区调查研究，果断坚毅地采取了控制交通、加强检疫、隔离疫区、火化鼠疫患者遗体、建立医院收治病人等行之有效的措施，才使得这场震惊中外的瘟疫在不到四个月的时间里得到有效控制。

伍连德不愧为中国科学防疫第一人。他凭借出色的科学才华，卓越的组织才能，严谨的工作作风和为科学勇于献身的精神，受到中国政府和国际社会的支持与信赖。自此，伍连德一战成名，名扬天下。

6.

学术丰碑：肺鼠疫研究的卓越贡献

1911年3月1日，哈尔滨及周围地区的鼠疫死亡率实现清零。几天后，伍连德收到了施肇基的电报，告知他朝廷决定于4月初在奉天举行万国鼠疫研究会议，将邀请来自俄国、美国、日本和德国等国家的一流医疗卫生专家与会。伍连德已被委任负责整个大会的筹备工作，被命令将一应事务转托合适助手，尽速回京复命，准备前往奉天之事宜。此时，每日死亡病例刚刚清零，防疫局上下不敢有丝毫怠慢。伍连德与同事们商议后，指定全绍清医师为代理防疫局总医官。全绍清是天津北洋医学堂的教习，与伍连德是志同道合的旧相识，在1月31日负责了2000多具病尸火化工作，并且是最先被派往满洲里调查当地旱獭贸易与鼠疫暴发关系的人，其能力和品德足以承担重任。此后，伍连德又亲自到全城各区检查一番，看看还有什么工作没有完成。其他一应事宜，伍连德都事无巨细地交接给同事。直到3月15日安排好一切，他才登上南下的列车。此时的伍连德已在抗疫一线出生入死奋战了八十多个日日夜夜。

离开哈尔滨前，伍连德向同事和学生们发表了一番简短讲话，感谢他们在过去近三个月时间里的精诚合作，全仰仗他们的刻苦工作，不怕牺牲，疫情才得以迅速扑灭。他们取得如此优秀的成绩，理应成为其他医务工作者的榜样。伍连德还叮嘱大家，严守纪律，铭记殉职医师和工作人员的光辉事迹。随后伍连德向来自俄国的同行雅显斯基、博古齐、小哈夫金等医生道别，又约见了霍尔瓦特将军，感谢他在这场扑灭鼠疫的战斗中送来了120节车厢。伍连德还向美国驻哈尔滨的顾临领事道别，感谢他在自己初期遭遇困难时给予的关切和理解。

16日，伍连德抵达奉天，东三省总督锡良这位封疆大吏并没有因为身份显赫而倨傲轻慢，一见到伍连德就表达了自己对他的欣赏，也透露了当时梅聂向他要求一个高于伍连德的职位，自己婉拒的真实原因。锡良表示，自己当时并不知道伍连德这么能干，只是不满梅聂的态度，如今他为自己当时的坚定感到欣慰。锡良留下伍连德三天左右的时间用来会谈工作，并请他视察合适的会场。二人通过电报与远在北京的施肇基一同商定了在奉天举办万国鼠疫研究会议的最佳地址，即英国传教士、医学博士司督阁筹建的位于奉天小河沿的盛京施医院。

19日，伍连德赶回天津，见到了分别将近三个月的夫人与刚出生不久的小儿子伍长明。伍连德在前线与死神搏斗，家中一切事务都由伍夫人独自操持。她不仅要育儿理家，还要时刻惦念着身处凶险疫情中的丈夫。重逢这一刻，伍夫人悬着的心终于稳稳落定，而愧疚、感激、欣慰、爱意多种复杂的情绪也涌上伍连德心头。21日，伍连德携夫人家小到北京述职，外务部右丞施肇基亲自到火车站迎接这位抗疫斗士。施肇基与伍连德英雄相见，感慨万千，场面十分热烈。随后，伍连德受到军机大臣、外务部尚书那桐的隆重接见和慰劳。22日，施肇基就奉天会议的复杂背景及目的、人事、议程、内容等与伍连德进行了详细周到的讨论和安排。两人都意识到，这次的万国鼠疫会议是中国召开的第一次国际科学研讨会，史无前例，世界的目光都将汇聚于此，是一次挽救中国政府国际声誉的绝佳机会。但日本觊觎这次机会，意欲篡夺大会主席的位子，推行霸权主义阴谋，这是决不允许的。因而这次大会只能办好，不容出纰漏。

其实，召开这场国际大会的决定早在1月份就做出了。1911年1月28日，外务部通电驻各国公使和各国驻华公使，请各国政府选派医官来东北考察疫病缘由及防救方法。那个时间点正值东北疫情高峰，哈尔滨每日死亡病例高达一百七八十人，而伍连德正准备采取焚烧尸体的方法。清政府并不对此方案抱什么期望，加之那时西方列强认为中国并不能自行防疫，外国公使们曾多次要求召开国际会议，研究治疫方法，并聘请外国专家来华抗疫，心中无底的清政府寄希望于通过这次会议得到国际上的支援，以帮助中国防控鼠疫。此外，当时日俄两国动作不断。自1905年日俄战争后，东北的统治权就呈现三方对峙的局势，日俄觊觎中国主权，不断蚕食中国领土。在这次东北疫情中，日本方面甚至要派驻自己的专家介入抗疫。而此时欧美各国怕瘟疫失控，也怕日俄失控，因此同样十分乐意派专家来制约日俄，外务部也乐见"以夷制夷"的局面。

但年轻的伍连德创造了奇迹，扭转了乾坤，1月31日火化方案施行后，发病者逐日递减，直到3月1日死亡病例清零后再无反复。于是，朝廷顺理成章地将这次本是应急救援的会议转变为一次消灭东北鼠疫的总结表彰大会。这是中国医学专家因抗疫成就而与世界同行第一次平等地进行科学研讨的会议，也是中国代表与西方列强国家代表之间的一次平等交流的机会。这次大会，中国作为东道主，要在此体现主权意识，大会主席自然要由中国人来担当，那么应由谁担任大会主席呢？中方提出人选，非伍连德莫属：他组织领导防疫人员，用有效的防控措施成功灭疫；发现了"人传人的肺鼠疫"这一全新的科学概念；在实践中证明了他拥有卓越的组织与协调能力。然而偏偏日本发出了不和谐的声音，要求让日本专家北里柴三郎担任大会主席，主持研讨。北里柴三郎是日本著名的细菌学家与血清学家，他师从德国著名的细菌学家科赫，并在1894年香港鼠疫中成功分离出病原体"鼠疫杆菌"，为后来的鼠疫防治提供了重要的理论支持和实践指导。北里柴三郎比伍连德年长27岁，算得上是伍连德的前辈与老师，伍连德对他很尊重。虽然科学无国界，但是科学家是有祖国的。为了国之主权，大会主席一职伍连德自然当仁不让。而北里柴三郎接到日本政府的指令后，认为这个主席必然是自己，他在大连公开发表了一番言论，认为中国没有抗疫的能力，所以才会请求日方的帮助，因此中国只可以服务于大会，没有提案权利及发言权利。

实际上，北里柴三郎抵达东北时，已经是2月下旬接近死亡病例清零之时，他令学生大量捕捉老鼠解剖，并断言就是老鼠传播了鼠疫，这与人传人的事实并不相符。可以说，对此次鼠疫的防治，北里柴三郎并没有什么贡献，却在会议主席人选问题上颐指气使，指手画脚。外务部已经认识到这个会议主席只能由中国人来当，否则不但抗疫不成，还将丧权辱国，所以，3月中旬急召伍连德回京议事，议的就是此事。施肇基请旨由伍连德负责专业学术方面的事务，他自己则作为钦差大臣坐镇会场，来负责会议非学术方面的事务，同时推荐并联络各国使馆与代表共同推选伍连德为会议主席。各国代表均表示赞同，俄国与法国代表还分别表示，各自政府均有授予伍连德荣誉勋章的决定。

会议定于1911年4月3日举行，会期二十天。这次会议各国反应热烈，原本初期邀请参会的只有30余位外国医生和专家，现在申请参加会议的多达130余人。原定的会址需要更改，经过反复协商，最终把开会地点定在奉天小河沿惠工公司陈列室，参会人员的住处定在"城内两西国饭店"，原定会址——盛京施医院的部分房间则作为会议备用。只剩下三周的准备时间，在商定好一切事宜后，伍连德和施肇基于3月22日当天离京，经天津安顿好伍夫人和孩子后，赴奉天准备这一场科学研讨大会。二人分工合作，会议准备工作一直忙到会议开幕的前一天。4月2日深夜，锡良的讲话稿已经由外务部高级官员译成英文，施肇基在准备他的中英文发言稿，伍连德也在为他的发言做最后润色，两人一直忙到第二天凌晨。

1911年4月3日，北方春天常见的一个艳阳天。上午10点整，东三省总督锡良、钦差大臣施肇基率领大批官员，身着朝服，在会议大厅的门口和与会代表一一握手，中国历史上第一次国际学术会议开幕了。伍连

奉天万国鼠疫研究会会场外布置的抗疫照片展示板

德身穿礼服站在欢迎的队列里与来宾握手交谈，遇到北里柴三郎时还主动向前一步，伸出手亲切问候。来自11国的34名代表都是卫生与防疫界的知名专家，参会的130余人中包括各国的驻华使节、相关行政人员、翻译、秘书和记者等，规格十分高。各国代表按预先议定的结果，一致推选中国政府首席代表、东三省防疫总医官伍连德为大会主席，日本首席代表北里柴三郎为副主席。伍连德作为会议主席，对这次鼠疫的疫情和应对方法进行了介绍，并充满激情地表示：这是我国举行的第一次国际学术会议，对将来的医学进步充满信心，希望无穷。多国政府或卫生组织也来电祝贺，可谓世界瞩目。

会议开幕式后，总督锡良宣读皇帝的圣旨。接着，锡良和施肇基分别致辞。施肇基简略地介绍了东北三省五个月以来疫病及防疫情况，并请与会医学专家对病理学、细菌学、流行病学、临床诊治、防治措施、预防疫病反复及疫情对商业贸易的影响等方面的12个问题进行深入讨论。施肇基在发言中，特别赞扬了伍连德，称他在过去三个月中深入最危险的疫区，从各个方面研究疫情，采取有效措施，最终控制住局面。随后俄国的扎博洛特内教授代表各国来宾讲话，他说道："我们之中有流行病学家，也有大部分工作时间都在从事细菌学研究的学者，但面对这种广泛传播的肺炎性鼠疫和败血性鼠疫，我们都缺少经验。经验所及，类似的疫情从未遇见过。所幸中国政府对这一危机形势采取了开明的政策，伍博士及忠于职守的同僚在过去的六个月里全心全意致力于拯救被鼠疫蹂躏的人民，让我们有了防疫工作经验。这些经验将能够用于应对今后可能出现的疫情，防止疫祸的重演。"

4月4日上午，由大会主席伍连德作报告。他全面、细致地将本次肺鼠疫的流行从病例、细菌、解剖、防控等方面加以论述。他说，这次发生的肺鼠疫非常突然，尽管众人全力抗争，但死亡人数还是达到46 000人。以前在西伯利亚、蒙古也流行过鼠疫，但规模都没有如此之大。另外，从

奉天万国鼠疫研究会议主席伍连德（会议期间留影）

奉天万国鼠疫研究会闭幕时各国医生合影,前排右七为伍连德

奉天万国鼠疫研究会会场,中间远端左边为会议主席伍连德,右边为会议副主席北里柴三郎

前发生的疫病与今天不一样，此次疫病与一种名为旱獭的啮齿动物关系密切。接着，他概述了疫情传播的路径，并提到了受感染城镇的主要特征，指出有两个因素与中国区疫病流行有关：一个是气候恶劣，居民被零下30摄氏度的严寒阻止了走出户外的脚步，整天蜗居在有火炕的屋里，疫菌得以孳长；另一个是房屋过于低矮、肮脏和拥挤。同时，他还介绍了两个有益的经验：一个是铁路局的火车车厢在疫情暴发时最适合作为紧急隔离之用，平均每一节车厢可承载20人，使未感染者远离病患，预防传染；另一个是将感染疫菌而死的病人遗体，不管有无棺材，一律火葬，这样既清洁卫生，又有助于疫病的消灭。

随后，会议开始专题讨论。中国医生代表全绍清详细阐述了在满洲里调查疫病暴发起因的结果。据他调查，满洲里常住人口有约5000名俄国人和2000名中国人，由于当时旱獭毛皮贸易兴旺，1910年年底中国居民激增至1万人。早在1905年俄国医师就已经观察到这种疾病，但是病例数目少，分布零散。第一例肺鼠疫病例出现在1910年10月12日，在俄国大乌拉站一间华人工棚里，有人突然暴毙，俄方知道此为鼠疫导致，于是将棚屋和华工的衣服全部烧毁，并驱逐了幸存的华工。有两名华工于10月19日到达满洲里，10月25日发病死亡，此后同住的房东、旅客相继感染死亡，由此暴发了东北大鼠疫。出席会议的其他各国专家也充分发表了他们的研究成果和见解，这样的专题会总共开了23次。其中有三次，伍连德邀请北里柴三郎代为主持，这是伍连德考虑到北里柴三郎在世界细菌学研究领域的地位，以及此前争夺主席之位的不愉快所做出的邀请，他用这一低姿态之举对漫长会议得以顺利进行做出了贡献。

会议总计收到了24篇论文和12篇专稿，大会演讲、发言95人次，并形成了45项决议，会后出版了《万国鼠疫研究会会议录》。我国著名历史学家、宗教史学家、教育家陈垣先生根据有关书信、报纸、电讯等资料，编纂完成《奉天万国鼠疫研究会始末》一书，对大会的整个过程，诸如各项

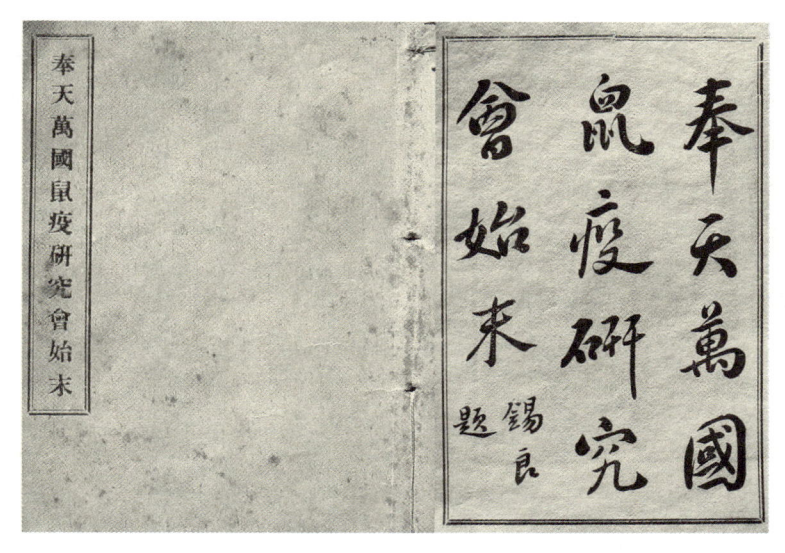

陈垣编纂的《奉天万国鼠疫研究会始末》

议题、发言等，作了详尽的记录。陈垣称赞伍连德致力于国家医学，受命于外国胁迫之际，为"吾国后起之英"，学术品德"为世人所推重"。

中国以抗疫的重大科研成果、抗疫做法、防疫措施和科学数据，赢得了大会的肯定。此次东北抗疫成功可以说是中国近代防疫史的开篇之举，掀开了人类防疫历史的新篇章。中国代表与他国代表在万国鼠疫研究会上平等地交流，一同报告、研讨，也使得中国的卫生防疫事业第一次被世界认可。在那个列强称霸的时代，外国代表能够诚心尊敬中国代表，虚心请教，实在难得。按照当时的国际会议惯例，会议一般只用英文、法文、德文三种语言，为了表示对东道主的尊重，这次国际会议增用了中文，是伍连德及其防疫团队的巨大成就为中国争得了国际声誉。中国政府作为东道主筹办会议，安排得当，尽显地主之谊。会议期间还组织各国代表到大连、旅顺观光，以及参观哈尔滨防疫医院、实验室和火葬场。在傅家甸实地考察时，各国代表对中国政府的努力和伍连德的功绩予以高度评价，一致认为伍连德提出的防疫措施，即为了密切监视东北鼠疫，有必要建立相关防疫机构，长期而有系统地监测鼠疫在东三省的流行情况。

4月23日至28日，代表们讨论制定并通过了大会报告书，然后举行了隆重的闭幕仪式。东三省总督锡良致闭幕词，接着荷兰赫韦斯医生代表各国致答谢词。施肇基作为钦差大臣充分肯定了会议的成绩，也指出会后还有许多问题需要解决，例如，关于疫病真正的源头还是一个谜，对患疫病人的处理尚缺乏更合适的方法。他表示，参加会议的每一个人都尽其职责，对大会的贡献非常大，同时感谢了伍连德主席等大会组织人员，他们高效地完成了使命与任务。然后，作为大会主席的伍连德发表讲话，他对各国专家在学术问题上所持的认真态度，以及以对待主席的礼貌对待他本人，表示感谢，最后宣布大会圆满结束。伍连德时年31岁，这位年轻的学者成功地担任了大会主席，圆满地完成了大会各项任务，并以其科学成就和人格魅力赢得了各国的好评。

这次会议用时二十六天，时间长，规模大，有的活动还持续到会议后。这次会议也是清政府想在国际上为自己挽回地位进行的一次公关，朝廷虽国库空虚，仍拨款10万两白银，把会议办得专业、体面。4月29日，全体代表乘火车从奉天出发，经锦州、山海关、秦皇岛、天津，抵达北京前门站。中国外务部作为东道主的代表出面招待了各国贵宾，除了大小宴会，还有摄政王代表皇帝举行的游园会、交谊舞会及参观孔庙、雍和宫、美术馆、天坛、颐和园等活动，成了当时的新闻热点。北里柴三郎代表各国致辞"此会为中国与万国之创举，实于医学上大放一页光明历史"。宽广的城墙，古老的松柏，美丽庄严的皇宫，雄伟绚丽的建筑，都使各国代表感受到中国的艺术和文化是举世无双的。

5月初，为了表彰伍连德的功绩，清政府授予他协参领衔（陆军少校），拥有觐见皇帝的资格。由于皇帝年幼，摄政王载沣亲自接见伍连德，授予他蓝翎顶戴，颁协参领衔，二等双龙勋章。伍连德还成为唯一受封的医科进士，获得奖金一万元。此外，俄国政府也正式授予伍连德斯坦尼斯劳斯二等勋章，法国政府为他颁发了法国荣誉军团勋章。伍连德被国内尊为防疫科学的权威人物。

东三省鼠疫防疫，可以说是20世纪科学史上的一件大事，在当时全球范围内引起轰动，意义极为深远。这次防疫的成功是积极运用科学的极佳证明，疫情完全按照专家的建议，用科学的办法被控制住，挽救了万千生命。这次防疫奠定了中国现代科学的基础，也为日后的防疫提供了参考样本。这出人意料的百日内的成功，使得全社会从上到下对传入中国几十年的西方现代科学，尤其是医学，产生了浓厚的兴趣和尊崇之情，这次的防疫的成功使中国开始承认和接受现代科学。伍连德也因此在短短百日内，由籍籍无名的军医一举成为全球皆知的著名学者。关于这场东北鼠疫大流行，可以说是对19世纪高速发展的医学的一次考验。

19世纪上半叶，以法国为代表的观察式医学占主流，相较于实验而言，更注重观察，提倡研究疾病的自然进程而不着眼于从根本上探寻病因。到了19世纪下半叶，德国医学占主导地位，与法国医学相反，德国医学更注重实验，力求用实验的方法模拟疾病，从根本上解决问题。德国的微生物学引起了当时全球学者的兴趣，因此很多恶性传染病的病因得以发现。到了20世纪初，美国医学结合二者长处，从改良医学教育出发，通过培养兼具临床和实验能力的优秀医学生来提高医学的整体水平。伍连德正是在这种体制下培养出来的优秀医学人才。他在剑桥伊曼纽尔学院打下了坚实的理论与实验基础，在圣玛丽医院接受了临床培训和实习，又去法国和德国的著名研究所师从名家、游学进修，集大家之所长，厚积薄发，终于在祖国危难之时大显身手。

在伍连德抵达哈尔滨之前，已经在傅家甸展开工作的两位医师姚乾初和孙葆璐，是法式教学培养出来的北洋医学堂的毕业生，所以二人采取的就是观察症状的办法。他们观察到流行的是肺部的瘟疫，但是无法查明病因，更无法把瘟疫和鼠疫联系起来。后来抵达东三省的北里柴三郎是德式教育体系出身，他虽然认定可能是鼠疫，但是固执地认为要在老鼠身上分离出鼠疫杆菌，才能证明是鼠疫，结果解剖了几万只老鼠都无法得到想要的结果。而伍连德的工作方法是先观察病人情况，认为可能是鼠疫以后，马上解剖尸体，用微生物学的实验方法从病人身上分离出鼠疫杆菌，以此来证明流行的是鼠疫，为下一步防疫打下基础。此外，伍连德将不墨守成规，敢于承担责任的品德，发挥到了极致。在有限的条件下，他大胆推论此次疫菌为新型鼠疫——肺鼠疫，果敢坚毅地领导了一场中日俄的国际防疫联合行动。这不仅是他本人毕生的骄傲，也是科学的胜利。在东北鼠疫暴发十三年后，梁启超为此感慨地写下："科学输入垂五十年，国中能以学者资格与世界相见者，伍星联[①]博士一人而已。"

---

① 伍星联，即伍连德。星联是伍连德的字。

7.

人定胜天：坚忍不拔的医学家

万国鼠疫研究会议结束后，会议代表们各自离开，伍连德受东三省总督锡良和外务部右丞施肇基的联名举荐，被任命为外务部的医官，以便他能与北京最高地方官直接接洽。为了工作方便，伍连德在外务部所在的那条街上买了一所住宅，就是哈德门（今崇文门）大街通向内城东城墙的东堂子胡同55号。在东北几个月的连续工作，加上从筹备到主持万国鼠疫研究会，伍连德已经筋疲力尽，正打算向外务部告假几天，回天津休养，顺带把妻儿接到北京来居住。此时，施肇基却亲自领他晋见了时任民政大臣、监管国家医药卫生事务的肃亲王善耆。三年前来京求职时，因为有林文庆的引荐信，伍连德拜会过善耆，这位王爷的视野极为开阔，在当时的贵族重臣中，或可以称得上是最有教养的。他还密切关注着当代世界的情势，此前不久还释放了激进反清的年轻革命党人汪兆铭（汪精卫），这也让伍连德十分敬重。显然，善耆同样很欣赏伍连德，这次召见，就是要留他在北京出任卫生部门的主管，负责管理全国的卫生和医院事务。经历这次东北鼠疫，善耆意识到中国当前急需建立全国性的现代化卫生体系，于是打算重组卫生司，按照西方国家的办法，建立现代化的医院和医学院校，以及有效的卫生防疫系统，尽快使中国的医学体系达到现代化水平，以应对大的流行疾病。鉴于伍连德在东北抗疫中的杰出表现，他是负责此事的最佳人选。

肃亲王要建立现代化卫生防疫体系的想法与伍连德不谋而合。归国这几年，伍连德亲眼看见了令人担忧的社会公共卫生状况，也对国内的医学教育和医学卫生体系的落后深有体会。如果伍连德接受任命，在实现自己毕生志愿的这条路上，他将能受到各方面的极大支持。但伍连德想起此前回京述职时，妻子黄淑琼曾私下叮嘱过自己的话：你防疫成功名声大噪，朝廷或许会奖赏你高官厚禄，但现如今全国反清怒火遍地燃起，清王朝气数已尽，你不能为其助力。身为学者，何必卷入其中，不如安心从事你的研究事业，继续防疫，置身事外。

作为名门之后，黄淑琼在父亲黄乃裳的培养下，有着很强的政治敏感度与审时度势的能力，她经常劝导伍连德只行医，不做官。伍连德对中国官场一窍不通，历来听从夫人的意见，并且深以为然。加之伍连德预测类似的鼠疫大流行还会再度出现，万国鼠疫研究会议时，他就提出过需要彻底搞清楚鼠疫的来源，建立鼠疫管理机构，进行常规监测，这一提议也得到了各国专家的赞同。伍连德最终还是决定谢绝这个任命。于是，他婉拒了肃亲王的好意，表明自己的兴趣所在是推进科学化的医学研究，不是官场上的升迁，他希望能继续在东北从事鼠疫防控工作。开明的肃亲王尊重伍连德的选择。随后，陆军部和外务部经过妥善的安排，保留了伍连德陆军军医学堂帮办的职务，并正式安排他从事防治鼠疫的专门工作。伍连德先是回到天津家中与家人团聚，短暂地享受了几天的天伦之乐，交代好举家迁往北京等事宜后，心系东北防疫事宜的他便带着助手返回了哈尔滨。

回到哈尔滨后，伍连德便被海因斯·沃森邀请住到其邻近主要办公地的官邸中。沃森任职于中国海关分支机构——哈尔滨海关税务司，他对中国的现代化的需求和渴望深有同感。由于拟建的东三省防疫事务总处[①]

[①] 1912年民国建立之初，南京临时政府在哈尔滨设立了"北满防疫事务管理处"，后改为"东三省防疫事务总处"。本书为叙述方便，均使用"东三省防疫事务总处"，或简称为"防疫总处"。

的经费要从该地区的海关税项下拨付,沃森与伍连德花费了很多时间来商讨建立防疫总处的途径和方法。沃森为人老练务实,二人在三天内就完成了一份包含详细预算的备忘录。按计划,总部,也就是总医院,建于哈尔滨,分院设于满洲里、拉哈苏苏、三姓和大黑河,每年所需经费总计关银六万两。方案完成后,须先上报外务部,再经北京外交使团批准。因为根据《辛丑条约》,庚子赔款要从关税及盐税中扣付,所以任何从中国海关税收中拨款的事项都必须事先获得驻华外交使团的批准。计划上报之后,伍连德得以有空闲来全面审视满洲里的鼠疫态势,并草拟详细规划。

在万国鼠疫研究会议上,与会人员对旱獭是此次疫情的源头的论断便存在争议。没有溯源工作就不能发现疫情的源头与起因,不能对本次疫情做出判断与结论,自然也很难预防下次疫情的出现。因此,在会议上,各国专家就曾表示,要做好肺鼠疫的溯源工作,明确传染源。伍连德始终惦念此事,因此在建设东三省防疫事务总处的计划上报后,伍连德就于1911年5月6日独自赴满洲里,实地考察旱獭的捕获情况,同时为该季度末即将进行的科学考察收集了所需要的信息。在三天的考察期间内,他访问了那些脏乱不堪的地窨子客栈,并亲临旱獭的捕获现场,获得了宝贵的第一手资料。伍连德一如既往地随身携带照相设备,记录下了这些影像,并在此后收录进《东三省北境防疫事务总处报告书》中。

后因事关防疫总处的拨款问题,伍连德被北京公使团召回北京。原来建设防疫总处的经费计划上报后,俄国驻北京公使团就否决了这一计划,一是俄国经历日俄战争后,指望用这笔赔款补充国力,二是他们不满中国医生在万国鼠疫研究会上披露俄国暴力驱赶华工,导致疫情流入中国的劣迹。经费迟迟不能落实,东北防疫体系的建设就要半途而废。为了解决这个问题,伍连德利用自己在社会各界的影响力,四处奔走,八方游说,边督促边解释。通过海关总税务司安格联爵士的斡旋,公使团的想法终于松动了。他们同意从中国海关税项下每年拨款六万两白银作为防疫总处的日常经费，由伍连德任总办兼总医官，哈尔滨海关税务司的英国人任名誉总办来监督财政。但有两个附加条件：一是用卢布结算，二是每年审核一次，只有表现令他们满意才能继续批准拨款。

之后几年，伍连德不得不年年入京接受询问。直到1917年，防疫总处的年度预算才固定下来。然而，这些经费其实并不能覆盖防疫总处的全部支出，当时锡良已经离任东三省总督，幸得继任总督赵尔巽的大力支持，下令从东三省税收中拨款。这终于让伍连德筹足了资金，用以添置必要的设备和聘请有关专家。外交部次长颜惠庆博士还帮助修改章程，将东三省防疫事务总处的编制确定由外交部直辖，从而避免了其他政府部门不必要的政治干扰。有了各方面的支持和保障，东三省防疫事务总处的建设终于能顺利推进了。然而，伍连德还不能歇息，此时已经风闻外贝加尔地区的沙拉森附近有大量蒙古旱獭死亡，东北流言四起，恐怕鼠疫卷土重来，政府也担心，不确定已采取的全部措施是否能抵御疫情的再次发生。

1911年7月15日，伍连德再次返回哈尔滨，这次他带领着两名学生与俄国医生组成联合考察队，到中俄边界地区的草原进行了为期一个半月的野外溯源考察，这是历史上第一次中俄两国科学家的联合考察。中俄联合考察队乘坐俄属中东铁路提供的专列，以及双驾马车，先后到达中国满洲里、俄国博尔贾和蒙古查尔巴达等地。他们向当地牧民和猎人了解鼠疫的发病历史、旱獭与鼠疫的相关性、健康旱獭和带病旱獭的习性，并捕捉了27只旱獭用以研究。

旱獭又称土拨鼠，是草原上草食性啮齿类动物，身体结实，头阔眼圆，四肢短小，指甲尖锐，擅长挖洞。旱獭穴居的洞深度基本可达到两三米，且有多个备用洞口，不同旱獭间的洞穴相互联通，走向很复杂。旱獭在野外经常站立观察，发出的叫声类似"不怕，不怕"，测其肛温在37.5摄氏度到39摄氏度之间。伍连德调查研究发现，旱獭一旦染上鼠疫就会失明失声，行动迟缓，体温升高，被健康的同类逐出洞穴。草原上一种凶悍

1911年7月,伍连德(右一)与俄国医生组成联合考察队,在俄国博尔贾考察。背景是考察队乘坐的两节火车车厢

1911年8月19日,在满洲里挖开的旱獭洞穴

1911年8月21日，伍连德在满洲里勘察旱獭洞穴，此种类型旱獭洞穴深度较深

考察团的工作场地，右侧小屋为细菌检验室

| 7. 人定胜天：坚忍不拔的医学家 | 107

装旱獭的笼子

伍连德（左边白袍者）在满洲里为旱獭测肛温

的食肉性啮齿动物黄鼠会捕食旱獭，所以旱獭染病后，便会在其本种群和这种黄鼠中传播。当地牧民很少猎杀旱獭，特别是见到染病旱獭，更是避而远之。但是，猎取皮草的生意打破了这种生态平衡。当时欧美国家大兴皮草之风，水獭皮价格日益增长，供不应求。为了利润，有商人收购旱獭皮毛，加工后冒充水獭皮出售，旱獭皮毛的利润也水涨船高。在那个贫穷的年代，一个猎人捕获20只旱獭就能赚够全家一年的开销。因此，过去无人问津的旱獭成为抢手货。当地猎人有经验，能够区分健康旱獭和染病旱獭，而受利益驱使的外地猎人没有这种经验，无论旱獭是否健康一律捕杀，带回住处剥皮。为了解馋，他们还会食用旱獭肉，从而使得鼠疫从旱獭传染给人类。加之地域寒冷，猎人们大多居住在半地下不通风的地窖式客栈中，人货杂处，因此造成大范围传染。

那么，是不是严禁旱獭皮草交易就可以阻挡鼠疫的传播呢？伍连德在实地调查中发现，其实中俄双方早就下令禁止捕捉旱獭，但是皮草贸易利

护送考察团考察的士兵

考察团停下来补水

吃饭时间,大家席地而坐

捕捉旱獭的猎人

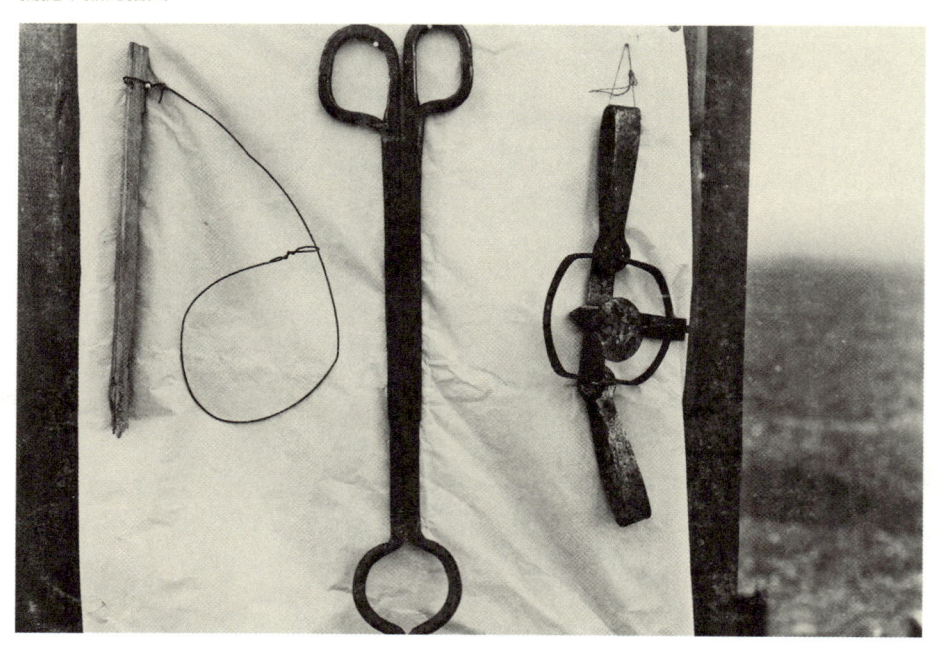

捕捉旱獭的工具，右为大力夹子，不常用；中为钳子；左为铁丝套

润丰厚，导致偷猎现象十分严重，有一些官员还会暗中支持。另外，为了逃避关税，走私十分猖獗。旱獭的交易几乎无法控制，也就无法阻挡人与野生动物接触，所以鼠疫的危险依然存在。遗憾的是，伍连德及团队在此次考察中并未找到患病或因疫死亡的旱獭，所以关于鼠疫的观点尚难确认。不过，此次科学考察的经历依旧获得了不少极有价值的信息，十分激动人心。伍连德将此次考察的成果整理成《旱獭（蒙古旱獭）与鼠疫关系之调查》一文。1911年8月，伍连德应邀参加了在伦敦举行的第十七届国际医学会议，提交了这篇长达500页的论文，并于1913年在《柳叶刀》杂志上刊登。这是中国学者第一次在这一权威期刊上发表论文。

在此后的十多年间，伍连德从未停止奔走查证与实验探索。中国医师抓住时机，设法通过追踪研究旱獭的自然栖息地，以及在野生和笼养条件下旱獭体表栖息的寄生虫，终于在这些蒙古旱獭中追溯到了鼠疫的起源。他们在对健康的蒙古旱獭个体及其生存方式充分了解后，发现了一种特别的跳蚤——可以叮咬人类、豚鼠和其他啮齿类动物，并进一步查明了旱獭对于鼠疫具有易感性。在掌握了这一事实后，中国医师得以继续揭示有关肺鼠疫的许多问题。

1923年6月2日至23日，伍连德组织了第二次中俄联合考察，他带领包括东三省防疫事务总处聘请的外国专家伯力士、中国医师关任民在内的中国考察队，苏联专家苏克涅夫博士则带领工作队，两组人马再次赴中苏边境，进行更周密的考察。在一个叫索克图的村庄，他们非常幸运地捕捉到野外染疫的旱獭和因疫死亡的旱獭，获得了珍贵的实验动物及标本。伍连德带队立即赶回哈尔滨，在滨江防疫医院实验室进行了"旱獭疫菌吸入性实验"，实验结果令世界瞩目，直接确认这种疾病是肺直接经由下呼吸道受感染，并非前人所见之鼠疫杆菌先由咽部进入，通过血流继发性抵达肺部，成为"旱獭携带的鼠疫菌可经由呼吸传染"的佐证。在东三省防疫事务总处同人的协助下，伍连德经过一系列研究，最终完成了《肺鼠疫论述》。这部480页的鼠疫理论专著，创立了"肺鼠疫"学说，自此才有各型鼠疫，如腺鼠疫、肺鼠疫、败血症型肺鼠疫等分类，为鼠疫的自然源头、病理损害及相关传播途径的研究做出了不可磨灭的贡献。

时间回到1911年的夏天，伍连德带队在西伯利亚调查鼠疫期间，他刚出生六个月的小儿子伍长明不幸夭折了。由于在喂养时，长明食用了不干净的炼乳，感染了细菌性痢疾，被送到天津东门的金韵梅医院进行治疗。万分遗憾的是，金医生也没能挽救这个婴儿，一周后，长明便因治疗无效去世了。为了预防和调查传染病，伍连德不得不常驻东北，小儿子的出生和过世他都没能陪伴左右。当时中国北方还面临着鼠疫传播的风险，伍连德完成第一次联合考察后，忍受着失去幼子的悲痛，继续留在哈尔滨抓紧推进防疫总处的建设，期望用工作排遣自己内心的痛苦。1911年9月起，各地医院相继动工。哈尔滨滨江防疫医院是东三省防疫事务总处的总部，医院分为两部分：西院用于办公、治疗普通病症，还有可容纳400人的检疫营房；东院有70个隔离病房，配有标本室、解剖室和化验室。随后拉哈苏苏、三姓、大黑河、牛庄、满洲里相继建立起医院，总计六所防疫医院。防疫体系初现雏形，整体工程建设持续了多年。这是中国历史上第一个常设防疫机构，负责制定防疫方针、措施、法规等。

东三省防疫事务总处建立后，对旱獭的观察和对肺鼠疫死尸的检验工作得以开展。通过研究，人们对鼠疫有了更充分的了解，从而能更有效地控制恶劣的形势。防疫总处动员从事捕猎旱獭的猎人们，在狩猎之前，先打预防针，同时还要遵守有关保护人员生命安全的规章制度。一些原本只听命于其本国政府的俄国人也愿意接受中国医生的忠告。作为东三省防疫事务总处的医疗机构，这些医院的医疗服务面向劳苦大众，当没有疫情需要时，病房可以用于普通内科、外科及传染病的就诊和治疗。防疫总处的医官还要协助地方官员和学校老师举办卫生训练课，以培训儿童和公众。

伍连德希望这种服务能发展成为惠及全省的公共卫生服务体系，并为全国做出示范。由于防疫总处的有效工作，在其成立后的近十年时间里，东三省都没有出现严重的疫病，也没有因疫病而死亡的人。此外，为了形成完整的疫病防治体系，1912年到1928年间，安东（今丹东）、海拉尔、齐齐哈尔等地也建设了医院。这些防疫医院多坐落在水路和陆路口岸，对检查、控制疫病有着重要的战略意义。

1911年，因为辛亥革命的爆发，东三省防疫事务总处的开办延期到了1912年的11月，伍连德被委任为总办兼总医官。他招募了各国的专家和来自世界知名医学院的毕业生，组成精英团队，这也是伍连德引以为傲的阵容。伍连德最初的高级医务助手是两位有志青年，一位是在新加坡出生、在剑桥大学获得了医学学位的华人陈祀邦医生，他曾随伍连德参加了第一次中俄联合考察行动。另一位是爱丁堡大学毕业、专攻细菌学的雷诺兹博士，他帮助伍连德在哈尔滨装备新的实验室，并且开展最初的实验工作。这两位助手在防疫总处服务三年后离开，各自都有了更好的前程。伍连德还通过纽约基督教青年会请到了埃伯松博士，他是哥伦比亚大学文学硕士、哲学博士，也是一位经验丰富的细菌学家。此外，伍连德还请到了毕业于堪萨斯城市兽医学院的弗兰克·赫什伯格博士。此后加入队伍的还有爱丁堡大学毕业的朱桐医生，他被派往牛庄负责新建的医院，以及来自奥地利的叶墨医生夫妇，两人担任鼠疫实验室的助理医官，叶墨医生还负责绘制报告书的插画。1930年，来自奥地利的昆奇科医生也来到防疫总处工作。防疫总处的中国职员也不乏优秀人才：陆存煊（北洋军医学堂）、朱玉芬（波尔多的眼科专家）、邓松年（北洋军医学堂和约翰斯·霍普金斯大学）、杨廷珧（底特律大学）、林家瑞（北洋军医学堂）、关任民（广东医专）、李元白（东京大学）、周树彬（长崎医专）、温锦昌（爱丁堡和洛桑）、史纬华（北京医专），他们都以不同方式为防疫总处赢得了声誉。

在这支精英团队中，与伍连德最为亲密的"战友"当属陈永汉与伯力士。1915年6月，剑桥毕业的医学学士、外科学士陈永汉医师由民国首任内阁总理唐绍仪推荐给伍连德。陈永汉出身于上海富裕家庭，前途无量，但当时由于感情问题饱受煎熬，伍连德看他气度不凡，十分愿意将他从失恋的痛苦中拉出来，于是接纳了他。在此后的工作中，陈永汉逐渐从爱情的挫折中走出来，找到了精神寄托，他以和蔼可亲的态度对待病人，并凭借高超的外科技术赢得了广泛的赞誉。伍连德对他十分欣赏，自此两人开始了长达二十余年的亲密合作。伯力士则是1921年加入伍连德团队的，他是奥地利人，毕业于著名的维也纳大学医科专业，人生经历十分波折。在第一次世界大战中，他先被俄国人俘虏，后又被日本人囚禁，被折磨得几乎精神失常。伯力士来到哈尔滨滨江医院求职时，正是他最为穷困潦倒之际，伍连德欣然帮助他，安排他负责实验室的工作。后来，伍连德发现他不仅是位经验丰富的病理学家和语言学家，而且工作非常负责，勇于承担分配给他的任何任务，是一位非常有能力而且忠诚的同事。伍连德曾经被施肇基提携照顾过，所以自己遇到人才时也十分爱惜，在工作与生活上都十分关照伯力士，甚至在他抑郁症发作时挽救了他的生命，并帮助他走出抑郁。获得新生的伯力士也没有辜负伍连德的期望，此后一直追随伍连德，事实也证明了伯力士是医务人员中堪当重用的成员，为防疫总处做出了难以估量的贡献。

这些精英在伍连德的领导下完成了很多出色的工作，除了对疫情进行考察、调查研究，也致力于著述，以伍连德的名义或自己的名字发表了许多在现代医学史上很有意义的论文和报告。

东三省防疫事务总处主要出版物目录

《东三省北境防疫事务总处报告书》第一册（Rep. I，1911—1913），剑桥，1914

《东三省北境防疫事务总处报告书》第二册（Rep. II，1914—1917），北京，1917

《东三省防疫事务总处报告大全书》第三册（Rep. III，1918—1922），天津，1922

《东三省防疫事务总处报告大全书》第四册（Rep. IV，1923—1924），天津，1924

《东三省防疫事务总处报告大全书》第五册（Rep. V，1925—1926），天津，1926

《东三省防疫事务总处报告大全书》第六册（Rep. VI，1927—1928），天津，1928

《东北防疫处报告大全书》第七册（Rep. VII，1929—1930），天津，1930

A. 鼠疫

伍连德，《奉天万国鼠疫会议开幕式演说词》（1911），收入《奉天国际鼠疫会议报告书》。马尼拉，1912：18~25

伍连德，《旱獭（蒙古旱獭）与鼠疫关系之调查》，收入 Rep. I. 1914：9~47；《柳叶刀》（*The Lancet*），1913，185：529；《卫生学杂志》（*J. Hyg.* 英国）．1913，13：237；《热带医学与卫生学杂志》（*J. Trop. Med. & Hyg.*）．1913，16：275

伍连德，伍德海，《某些肺鼠疫病灶组织学检查之笔记》，收入 Rep. I. 1914：63~97；《病理学与细菌学杂志》（*J. Path. Bact.* 英国），1914

雷诺兹，海拉尔，《满洲里和奉天调查报告》，收入 Rep. I. 1914：107~112

伍连德，艾伯松（Frederick Eberson），《肺鼠疫及败血性鼠疫在旱獭间的传播》，收入 Rep. I. 1917：7～17;《传染病学杂志》(*Am. J. Infi. Dis.* 美国) 1917, 20：170;《卫生学杂志》(*J. Hyg.* 英国), 1917, 16：1

艾伯松，《鼠疫的毒素和毒性》，收入 Rep. II. 1917：18～22;《传染病学杂志》(*Am. J. Inf. Dis.* 美国), 1917, 20：180

艾伯松，《论鼠疫蛋白质毒素之本质》，收入 Rep. II. 1917：23～28;《中华医学杂志》(*N. M. J.*), 1917, 3：10;《传染病杂志》(*Am. J. Inf. Dis.* 美国), 1917, 21：56

艾伯松，《系统鼠疫感染的主动免疫》，收入 Rep. II. 1917：29～44,《中华医学杂志》(*N. M. J.*), 1917, 3：125;《传染病学杂志》(*Am. J. Inf. Dis.* 美国), 1918, 22：62

伍连德，《鼠疫在东方特别是在东三省之暴发》（协和医学院开幕式演说词，1921.9，北京），《卫生学杂志》(*J. Hyg.* 英国), 1922, 21：62

伍连德，《肺鼠疫》，见拜厄姆，阿奇博尔德主编，《实用热带医学》第 46 章，1922：1038～1046

伍连德，《第二次满洲肺鼠疫大流行（1920—1921）》，收入 Rep. III. 1922：1～54;《卫生学杂志》(*J. Hyg.* 英国), 1923, 21：262

伍连德，陈永汉，伯力士，《第二次满洲肺鼠疫大流行（1920—1921）期间及之后的观察》，收入 Rep. III. 1922：55～82;《卫生学杂志》(*J. Hyg.* 英国), 1923, 21：307

伍连德，陈永汉，伯力士，《鼠疫流行病学中旱獭的作用》，收入 Rep. III. 1922：83～98;《卫生学杂志》(*J. Hyg.* 英国), 1923, 21：329

伍连德，陈永汉，伯力士，《第二次满洲肺鼠疫大流行（1920—1921）的临床观察》，收入 Rep. III. 1922：120～141;《卫生学杂志》(*J. Hyg.* 英国), 1923, 21：289

伍连德，陈永汉，伯力士，《第二次满洲鼠疫大流行（1920—1921）：鼠疫肺炎的病理学发现》，收入 Rep. III. 1922：142～165

陈永汉，《1921 哈尔滨肺鼠疫的显著特征》，收入 Rep. III. 1922：166～

180,《中华医学杂志》(*N. M. J.*), 1922, 8: 71

伍连德, 陈永汉, 伯力士,《全世界有史以来肺鼠疫暴发记录》, 收入 Rep. IV. 1924: 1~110

伍连德,《野生啮齿类动物鼠疫及最近研究旱獭与鼠疫之关系》, 收入 Rep. IV. 1924: 111~153;《第五届远东热带医学会 FEATM 年会会议录》, 1923: 305;《卫生学杂志》(*J. Hyg.* 英国), 1924, 22: 329

藤浪鉴, 伍连德,《1921 满洲鼠疫大流行之病理组织学研究》, 收入 Rep. IV. 1924: 154~171,《博医会报》(*Ch. M. J.*), 1923, 38: 617

伍连德, 林家瑞,《天然传染疫獭脏器组织学变化之所见》, 收入 Rep. IV. 1924: 172~177

伍连德,《鼠疫之发源地》, 收入 Rep. IV. 1924: 178~198;《第五届远东热带医学会 FEATM 年会会议录》, 1923: 286;《世界医学》(*Jap. Med. World* 日本), 1924, 4: 1

叶墨,《旱獭虱与鼠疫关系的实验》, 收入 Rep. IV. 1924: 231~234;《卫生学杂志》(*Ztschr. f. Hyg.*), 1925, 104: 551

伍连德, 叶墨,《旱獭及斯士儿鼠肺疫病理的系统研究》, 收入 Rep. V. 1926: 1~25

伍连德, 陈永汉, 伯力士,《经由旱獭体外寄生虫传播鼠疫》, 收入 Rep. V. 1926: 26~30;《卫生学杂志》(*Am. J. Hyg.* 美国), 1925, 5: 196

伍连德,《野生啮齿动物鼠疫实际状况》, 收入 Rep. V. 1926: 31~53; 国际联盟卫生部,《*C. H.* 360 手册》, 1925;《第六届远东热带医学会 FEATM 年会会议录》, 1925, 2: 815

叶墨,《结核与鼠疫共存评论》《豚鼠混合感染研究》, 收入 Rep. V. 1926: 54~71; 中华医学杂志 (*N. M. J.*), 1925, 11: 257.

叶墨,《染色涂片之鼠疫杆菌活性笔记》, 收入 Rep. V. 1926: 72~78;《中华医学杂志》(*N. M. J.*), 1926, 12: 1

叶墨,《肺鼠疫的流行病学和组织学的若干评论》, 收入 Rep. V. 1926: 79~95;《航海与热带医学杂志》(*Arch. f. Schiffs&Tropenhyg.*), 1925, 29: 650

关任民,《哈尔滨新肺鼠疫病室落成记》,收入 Rep. V. 1926:104~105

李元白,《旱獭中发现的一种新型蛔虫》,收入 Rep. V. 1926:106~107

伍连德,《肺鼠疫论述》,国际联盟,日内瓦,1926

伍连德,《野生啮齿动物保存鼠疫》,收入 Rep. VI. 1928:1~21;《第七届远东热带医学会 FEATM 年会会议录》,1927,2:44;《卫生学杂志》(*Am. J. Hyg.* 美国),1928,8:649

伍连德,伯力士,《啮齿动物保存鼠疫并特向西伯利亚旱獭注意之研究(二次通讯)》,收入 Rep. VI. 1928:22~40

伍连德,《肺鼠疫问题》,收入 Rep. VI. 1928:41~54;《第七届远东热带医学会 FEATM 年会会议录》,1927,2:22;《国际公共卫生通讯》(*Bull. Off. Internat d'Hyg. Publ.*),1928,20:573

伍连德,《肺鼠疫之新学识》,收入 Rep. VI. 1928:55~92

伍连德,伯力士,《野生啮齿动物鼠疫的进一步观察》,收入 Rep. VI. 1928:93~132

卡伦德(*G. R. Callender*),《肺鼠疫病理组织学研究》,收入 Rep. VI. 1928:133~151

伍连德,《谨拟国际联盟卫生部应组织野生啮齿动物之鼠疫专门研究会计划书》,收入 Rep. VI. 1928:152~170

李元白,《旱獭寄生虫之研究》,收入 Rep. VI. 1928:181~182

李元白,《旱獭内变形虫(Entamoeba bobaci N. Sp.)》,收入 Rep. VI. 1928:183~186;《寄生虫学年鉴》(*Anna. de Parasit.*),1928

叶墨,《寄生虫与鼠疫关系补录摄要》,收入 Rep. VI. 1928:187~197;《卫生学与传染病学杂志》(*Ztschr. f. Hyg. & Inf.-Kr.*),107,498

叶墨,《外贝加尔地区哺乳动物巢穴概述》,收入 Rep. VI. 1928:198~207;《哺乳动物学杂志》(*Ztschr. f. Sauegetierk.*),1,*No.* 1

伍连德,陈永汉,《1928 年通辽鼠疫调查》,收入 Rep. VI. 1928:208~216

伍连德,伯力士,林家瑞,叶墨,《华北鼠疫状况之研究》,中华医学杂志(*N. M. J.*),1929,15:273~402

伍连德，《满洲与蒙古的啮齿动物及其疾病意义》，收入 Rep. VII. 1930：1~8;《北京自然史学会通讯》，1929—1930，4：95

伍连德，《腺鼠疫的外科治疗》，收入 Rep. VII. 1930：9~14;《第一次泛太平洋外科学会会议录》，檀香山，1929：31

叶墨，《1929 年 8 月通辽地区鼠疫暴发期间调查报告》，收入 Rep. VII. 1930：15~22

齐茨瑟姆（*Zitzthum*），《鼠疫携带者螨虫》，收入 Rep. VII. 1930：23；《动物学年鉴（*Zool. Jahrb.*）》，1930，60：381

伍连德，叶墨，《东亚野生啮齿动物的巴尔通体和格莱汉姆体》（于国际细菌学会议宣读，巴黎，1930），收入 Rep. VII. 1930：24~26

陈永汉，《1929 年通辽地区腺鼠疫流行报告》，收入 Rep. VII. 1930：156~165

林家瑞，《1929 年通辽地区防鼠疫工作报告》，收入 Rep. VII. 1930：166~171

陈永汉，《1930 年南满腺鼠疫暴发报告》，收入 Rep. VII. 1930：172~176

B. 霍乱

伍连德，陈永汉，《霍乱症最近流行于中国详记》，收入 Rep. III. 1922：181~196;《中华医学杂志》（*N. M. J.*），1919，5：182

伍连德，陈永汉，《1919 年哈尔滨流行霍乱之防治法》（医学联合会会议宣读，北京，1920.2），Rep. III. 1922：197~205

伍连德，《民国十五年流行霍乱初次报告》，收入 Rep. V. 1926：110~112;《中华医学杂志》（*N. M. J.*），1926，12：413

伍连德，陈永汉，伯力士，《1926 年哈尔滨霍乱之流行病学研究》，收入 Rep. V. 1926：113~125;《中华医学杂志》（*N. M. J.*），1926，12：417

陈永汉，《滨江医院霍乱记事 1926》，收入 Rep. V. 1926：126~131；《中华医学杂志》（*N. M. J.*），1926，12：432

伯力士，《1926 年霍乱流行的实验室报告》，收入 Rep. V. 1926：132~141;《中华医学杂志》（*N. M. J.*），1926，12：439

叶墨，《中国纸币的霍乱弧菌活性探讨》，收入 Rep. V. 1926：142~147

杨廷珖，《中日霍乱的问题》，收入 Rep. VI. 1928：240~245

C. 其他传染性疾病

伍连德，《唐山热病复发之观察》，收入 Rep. I. 1914：98~106

陈永汉，《虻与炭疽》，收入 Rep. II. 1917：54~56；《博医会报》(*Ch. M. J.*)，1916，30：89

伍连德，《北满炭疽记事》，收入 Rep. II. 1917：91~95

陈永汉，《流行性感冒及其传染猪之研究》，收入 Rep. III. 1922：206~214；《中华医学杂志》(*N. M. J.*)，1919，5：34

杨廷珖，史纬华，《中国的猩红热论》，收入 Rep. IV. 1924：207~223

林家瑞，叶墨，《远东猩红热的研究》，收入 Rep. V. 1926：148~158；《中华医学杂志》(*N. M. J.*)，1925，11：399

陈永汉，叶墨，《猩红热链球菌抗毒素评述》，收入 Rep. V. 1926：159~174；《中华医学杂志》(*N. M. J.*)，1926，12：125

周树彬，《哈尔滨狄氏猩红热皮肤反应效力研究》，收入 Rep. V. 1926：175~179

林家瑞，杨廷珖，《溶血性猩红热链球菌在爬行和两栖类动物体内的状态》，收入 Rep. V. 1926：180~182

叶墨，《猩红热之连锁球菌生活之研究》，收入 Rep. VI. 1928：252~275；《卫生学与传染病学杂志》(*Ztschr. f. Hyg. &Inf-Kr.*)，1927

伍连德，《中国传染病的预防》，收入 Rep. VII. 1930：137~142，《博医会报》(*Ch. M. J.*)，1929，43：343

陈永汉，《流行病之原因》，收入 Rep. VII. 1930：143~147

D. 公共卫生学

伍连德，《中国的卫生学实践》，《上海国家评论杂志》(*National Review*).1913

伍连德，《唤醒中国的卫生意识》，《博医会报》(*Ch. M. J.*，1915，29：222

伍连德,《一个卫生的中国餐桌》,收入 Rep. II. 1917：51~53;《中华医学杂志》(*N. M. J.*),1915,1：7

伍连德,《中国共和后公共卫生发达观》,收入 Rep. IV. 1924：261~265;《中华医学杂志》(*N. M. J.*),1923,9：1

林家瑞,伍连德,《哈尔滨滨江地区公共卫生概况初期报告（英文版）》,收入 Rep. V. 1926：183~231.（试办哈尔滨公共卫生第一上半年报告 中文版）

伍连德,《中国的性病问题》,收入 Rep. V. 1926：232~251;《博医会报》(*Ch. M. J.*),1927,41：28

陈永汉,伍连德,《由政府的立场控制脚气病》,收入 Rep. V. 1926：252~261;《第六届远东热带医学会 FEATM 年会会议录》,1925;《中华医学杂志》(*N. M. J.*),1926,12：9

伍连德,《远东的海港检疫问题》,（泛太平洋食品保存会议宣读,檀香山,1924.8）,收入 Rep. V. 1926：272~276

E. 麻醉剂

伍连德,《吗啡之危险》,（医学联合会会议宣读,广州,1917）,收入 Rep. III. 1922：243~246

伍连德,《关于麻醉剂最近之状况》,收入 Rep. III. 1922：247~252;《中华医学杂志》(*N. M. J.*),1920,6：65

伍连德,《麻醉剂问题的公共卫生方面》,收入 Rep. V. 1926：262~271;《第六届远东热带医学会 FEATM 年会会议录》,1925.（麻醉毒药之公众卫生观 中文版）

伍连德,《鸦片问题达到严重阶段》,收入 Rep. VII. 1930：89~92;《中国民族周刊》(*Chinese Nation*),1931,1,No. 33

F. 医学教育

伍连德,《中国医学教育备忘录》(英文版),收入 Rep. III. 1922：220~236;《博医会报》(*Ch. M. J.*),1914,28：105（上教育部拟改组全国医

学教育意见书 中文版)

伍连德,《中国医业先前的某些问题》,收入 Rep. III. 1922:268~272;《博医会报》(*Ch. M. J.*), 1917, 31:122

伍连德,《中国医学教育状况 1922》,收入 Rep. IV. 1924:266~270;《中国年鉴》,1923

G. 医学史

伍连德,《古代中国人对中毒的认识》,收入 Rep. II. 1917:57~60;《博医会报》(*Ch. M. J.*), 1916, 30:175

伍连德,《中国共和以来医学的进步》,收入 Rep. IV. 1924:237~242;《柳叶刀》(*The Lancet*), 1920

伍连德,《北京东岳庙记》,收入 Rep. III. 1922:260~261;《中华医学杂志》(*N. M. J.*), 1919, 5:168

伍连德,《吾国医术发达观》,收入 Rep. V. 1926:294~299;《中国传教士年鉴》,1926

伍连德,《古代中国人在外科学领域的贡献》,(第一届泛太平洋外科学会议宣读,檀香山,1929),收入 Rep. VII. 1930:93~100

伍连德,《西方医学在中国的早期岁月》,收入 Rep. VII. 1930:101~126;《皇家亚洲文会中国分会杂志》(*J. N. China Br. Royal Asiat. Soc.*). 1931:42

王吉民,伍连德,《中国医史》,天津,1932

H. 医院记述

伍连德,《华北铁路的隔离营》,收入 Rep. I. 1914:113~115

陈祀邦,《哈尔滨医院记述》,收入 Rep. I. 1914:125~130

伍连德,陆存煊,《拉哈苏苏及其医院》,收入 Rep. I. 1914:136~140

伍连德,《北京中央医院》,收入 Rep. I. 1914:87~90;《当代医院》(*Modern Hospital*), 1917

杨廷珖,《新建立的牛庄海港检疫医院》,收入 Rep. III. 1922:266~267;《中华医学杂志》(*N. M. J.*), 1920, 6:211

伍连德，《我在中国建设医院》，收入 Rep. IV. 1928：235～246;《中华医学杂志》(*N. M. J.*)，1924，10：265〔《在吾国建设医院》(中文版)〕

I. 杂录

伍连德，《鱼皮鞑靼人》，收入 Rep. I. 1914：141～144

陈永汉，《中国人的白细胞分类计数》，收入 Rep. II. 1917：61～62

陈永汉，《脚气病人的白细胞分类计数》，收入 Rep. II. 1917:63～65

陈永汉，《植皮术之经验》，收入 Rep. Ⅲ. 1922：215～219;《中华医学杂志》(*N. M. J.*)，1918，4：10

陈永汉，《中国人与欧洲人的某些疾病发病率评述》，收入 Rep. IV. 1924：199～206;《中华医学杂志》(*N. M. J.*)，1924，10：145

陈永汉，《中国人日常饮食对疾病的影响》，收入 Rep. V. 1926：283～285;《博医会报》(*Ch. M. J.*)，1925，39：1046

叶墨，《东省土著及蛮族生物学上之研究》，收入 Rep. VI. 1928：222～239

叶墨，林家瑞，《哈尔滨傅家甸人民血属之研究》，收入 Rep. VI. 1928：276～279;《中华医学杂志》(*N. M. J.*)，1928，14：239

叶墨，《蒙古民族生物学血属系率之研究》，收入 Rep. VI. 1928：280;《中华医学杂志》(*N. M. J.*)，1928，14：20

陈永汉，《华北非肺型结核相对发病率》，收入 Rep. Ⅵ. 1928：281～286;《中华医学杂志》(*N. M. J.*)，1928，14：245

伍连德，叶墨，《满洲豢养动物的血型调查》(国际细菌学会议宣读，巴黎，1930)，收入 Rep. Ⅶ. 1930：27～31

叶墨，《蒙古东北部和满洲北部的血型调查》，收入 Rep. VII. 1930：32～44;《人类学协会报告》，维也纳(*Mitt. d. Anthrop. Ges. in Wien*). 60，39

叶墨，《牦牛和牛的血清学分布》，收入 Rep. VII. 1930：45～46;《药物研究》(*Ztschr. f. Imm-Forsch.*)，1930，65

1915年东三省防疫事务总处职员合影，前排右三为总办兼总医官伍连德

在伍连德的苦心经营下，东三省防疫事务总处得到不断发展，成为东三省颇具规模，且有相当实力的防疫卫生中枢和防疫研究中心。在当时，东三省防疫事务总处作为国际上防疫与微生物学研究的著名机构，不仅在防疫效果方面达到世界领先水平，在科研方面也处于世界领先水平。尤其在针对肺鼠疫的研究中，防疫总处实地考察了疫情的来源，收集了大量的鼠疫患者样本及啮齿类动物样本，有关鼠疫的实验数据翔实，在世界范围内独一无二。这套由伍连德首创的防疫体系，在后续的疫情防控工作中，发挥了中流砥柱的作用。直至1931年，日本人占领了哈尔滨，这个防疫总处作为中国的机构才不得不终止运行。

8.

奉献与执着：在防疫事业中不懈追求

  1911年夏天，俄国境内出现大批旱獭死亡，哈尔滨流言四起，人心惶惶，唯恐鼠疫卷土重来。伍连德重返哈尔滨，召集防疫人员进行全面监测，证实没有鼠疫出现后，整个东三省北境才安心了许多。之后伍连德带队深入俄国境内，与俄方人员一同进行鼠疫调查，获得了许多珍贵资料。调查结束后，他又马不停蹄地赶回哈尔滨，推进东三省防疫事务总处的建设。此时已经到了秋天，辛亥革命爆发。伍连德一边专注在鼠疫防疫系统的建设上，一边密切关注着时局的变化。伍夫人此时已经带着家人搬到了此前伍连德在北京购买的屋宅中居住。她经常与伍连德通信，好让他知晓家中的情况，同时也常劝他莫要卷入政治旋涡，专注于防疫与医学研究。此时，伍连德突然接到外务部的电报，原来朝廷为了嘉赏他为国家所做贡献，选派他和驻德公使梁镇东、清华学堂监督唐国安组成三人代表团，代表中国政府出席于1911年12月在海牙举行的第一次国际鸦片会议，签署《国际鸦片公约》。当时国内局势纷杂，袁世凯成为内阁总理大臣，掌控朝局。北方混乱，南方各省纷纷起义，伍连德的岳父黄乃裳还是福建同盟会举事的重要人物。伍连德要想不被政治裹挟，应邀出席海牙的国际鸦片会议是很好的契机，禁毒恰恰也是他的平生夙愿。当时，伍连德已凭借治理鼠疫名声在外，且最初他是由袁世凯亲自从海外邀聘回国的专家，回国后这些年他在军中和洋人圈都有不错的人脉。伍夫人也常常帮助不在京的伍连德维系各方关系，家中安全可以放心，可以说这一次伍连德出国参会，已无后顾之忧。

海牙会议结束后，伍连德应邀重返英国，作为国际知名学者进行巡回演讲。利用这个机会，他积极向英国民众介绍中国东三省的实际情况，以及中国近年来的变化与发展。他还专程前往剑桥大学，在母校导师的实验室中进行鼠疫病例研究，为撰写鼠疫研究论文做了重要的数据资料准备。当结束这一切，伍连德取道西伯利亚返回北京时，发现袁世凯已经成为中华民国临时大总统，大清王朝经不复存在，中国已发生了天翻地覆的变化。回到北京，与家人好友重逢后，伍连德心里悬着的石头终于落地。可是因政权更迭的混乱，东三省防疫事务总处的组建工作几乎停滞，伍连德赶紧返回哈尔滨重新主持工作，马不停蹄地走访各口岸，安定人心，这才使防疫总处的建设得以继续，对鼠疫的监测也重新进入轨道。

1913年6月，伍连德应袁世凯召见回到北京。在总统府内，距离下聘书邀请伍连德回国过去六年后，袁世凯与伍连德终于又见面了。袁世凯赞扬了伍连德在东三省扑灭鼠疫的壮举，表示希望他能出任卫生司司长，这是伍连德第二次被邀请出任国家卫生系统的最高领导，但想到自己在东北未竟的事业和妻子的叮嘱，伍连德再一次婉言谢绝，称哈尔滨防疫处的工作才刚刚开始，实在不能离开。袁世凯表示理解，改聘伍连德为大总统的侍从医官，做自己的医学顾问。鉴于伍连德还要主持东三省防疫事务总处的工作，伍连德被请允许可以不常在北京。1916年，袁世凯倒台后去世，副总统黎元洪继任总统，依旧任命伍连德为总统侍从医官，同时兼任京汉、京张、京奉、津浦四条铁路的总医官，只是依旧常驻哈尔滨。

伍连德自东北鼠疫一战成名后，尽管名动公卿，但他始终不忘初心，坚守在医学研究和预防疫病的第一线，一刻也没有放松。自1911年后，东三省的鼠疫进入了潜伏期，虽然每年会零星地出现几个病例，但经过连续几年的监测，都没有发现任何流行的迹象。人们有些松懈了，伍连德却依然认为鼠疫一定会卷土重来。1917年，华北大地出现了新一轮的鼠疫。此次鼠疫源自内蒙古地区。11月，在内蒙古距离包头不远的乌拉特前旗新安镇，最先发现有人出现肺鼠疫的症状。由于客商的往来，疫情沿着交通线传到呼和浩特。一些到蒙古运输毛皮的马车夫，又将疫病传播到归化、丰镇。在此地经商的人们又因春节回家过年，将瘟疫扩散到了大同等地。丰镇是京张铁路的终点，向南可连接大同而进入山西腹地，向东可通向河北和北京，这引起了太原与北京民众的恐慌。受外交部派遣，伍连德带领防疫总处的医生于1918年1月3日抵达疫情严重的丰镇部署防疫工作，一同前往的还有两名美国志愿者医生。然而，这一次，伍连德遇到了不少非疫病方面的困难。

大同抗疫团队

当时是北洋军阀统治时期，虽然政府控制疫情的决心很大，但派往现场的管理机构过于繁多，政出多门，观点和计划无法达成一致。而且统治山西的军阀阎锡山根本不愿意外人插手，对中央政府以防控瘟疫为由介入自己地盘，颇有戒心。整个山西防疫没有统一的指挥，伍连德也无权指挥其他队伍。伍连德意识到，一旦鼠疫传到大同便很难控制，于是建议当地官员立刻控制由西向东的交通，对来往行人进行防疫检查。但铁路管理部门竟简单粗暴地采取了全线停运的做法，导致成百上千的旅客离开了易于控制疫情的铁路沿线，在没有监管的情况下，通过各条道路四散各地，反而造成疫情南下东行进入山西省。而山西和内蒙古地方官员对当代预防医学的知识一无所知，不能宣传与组织民众配合防疫，甚至不承认有鼠疫。

一个染上鼠疫的妇女，在自家院子里倒地身亡

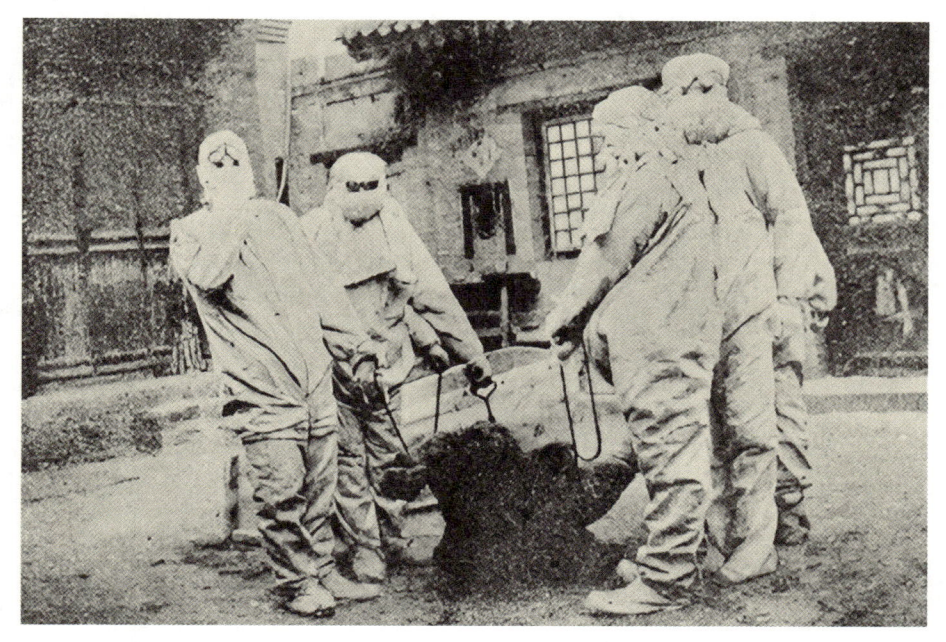

8. 奉献与执着：在防疫事业中不懈追求

埋葬队准备埋葬这名染疫死亡的妇女

此外，当地居民非但不合作，还十分抵触防疫工作者，甚至纵火焚烧防疫人员居住的火车车厢，幸好医生们设法逃脱而未丧命。这件事情的起因是，美国志愿者医生因不了解当地民俗，到病亡者家中解剖尸体提取样本后，没有及时将尸体恢复原状并穿戴妥当便扬长而去，引起家属暴怒。这件事在当地居民中传播开来，大家认为防疫人员毫无人性，对防疫措施极其排斥。伍连德作为领队主动承担责任，做了大量的说服工作，但收效甚微。当地村民不理解、不配合，当地官员不支持、不作为，纵使伍连德一身本领，也无法施展。辗转反侧数日，一筹莫展之下，伍连德无奈向外交部请辞，提出改由天津北洋医学堂的全绍清医生和他的助手陈祖邦主持工作。外交部批准了他的请求。1月30日，伍连德被迫离开了山西，可他仍旧通过驻留原地的同事继续关注防疫工作的进程。

然而，疫情越来越严重，甚至深入山西南部，后来各方不得不加强统一协调，由阎锡山亲自监督防疫工作的开展。全绍清接手工作后，防疫工作才得以顺利推进，直至1918年5月疫情才被平息。事后证明，伍连德的判断是正确的，本可以控制住的鼠疫变成了大流行，不仅遍及山西全境，周围省市，甚至南京都跟着遭殃。这场鼠疫流行了十个月才得到控制，死亡人数估计高达16 000人。

这次山西鼠疫的教训，让当局提高了警惕，加强了对各口岸的巡视。相较于清朝末期，民国初期的东北局势更加复杂，日本人在东北的势力越来越大，中央政府对东北的控制越来越弱。此时的伍连德没有实权，也没有了全力支持他的总督、巡抚，假如再面临一次考验，仅凭东三省防疫事务总处和自己的个人声望，胜算几许？为了迎接不知何时来临的考验，伍连德反复检查防疫设施，仔细审核各项程序。然而，没有料到的是，防疫总处经受的第一次严峻考验不是鼠疫，而是霍乱。

霍乱被称为19世纪的世界病，是由霍乱弧菌引起的、死亡率极高的急性肠道传染病。西方各国称霍乱为"cholera"，早期音译为"虎烈拉"，中医将其描述为"乱于肠胃，则为霍乱"。当时因为海陆通商，这种印度和东方热带国家的地方病，开始传入中国。霍乱和鼠疫就像一对孪生兄弟，即便是现今，列为甲类传染病的也只有两种：第一种是鼠疫，第二种就是霍乱。从自1820年起收集的记录来看，霍乱流行在中国共计发生过46次，其中10次特别严重，蔓延甚广。这10次发生年代分别为1822年至1824年、1826年至1827年、1840年、1862年、1883年、1902年、1909年、1919年、1926年和1932年。而最后三次霍乱大流行，正是在伍连德回国效力期间发生的。在他的主导下，这三次霍乱得到了有效防治，并且病亡率一次比一次低。

1919年7月，霍乱疫情始自牛庄，传染范围逐渐增大，奉天从7月中下旬到8月初，短短二十天内就检出霍乱病人1967人，死亡人数1600人。8月3日，哈尔滨发现首例霍乱病人，这位患者数日前从上海返回哈尔滨，出

1919年哈尔滨成立霍乱防治委员会。居中者为伍连德

现霍乱症状二十小时后死亡。不久后，病例陆续出现，很快就扩散开来。疫情不断扩大，一路北上，快速蔓延到黑河。当时正值夏日，天气十分炎热，老百姓为了解暑，生吃瓜果，而城区由于扩展太快，缺乏配套的卫生设施，导致垃圾堆积，苍蝇成群，这些因素为霍乱的暴发提供了条件。滨江防疫医院接诊病人与日俱增，8月15日达到高峰，当天哈尔滨因霍乱死亡的人数达到207人。此时，收治病人的不仅有伍连德领导的中国医院，还有苏俄医院和日本医院，但各处医院都住满了感染霍乱的病人。据疫情后的统计，1919年哈尔滨霍乱大流行中的感染者，包括俄国人和日本人在内，总计11 502人，死于霍乱者共计6775人。时任黑河道尹张寿增由于在宴席上吃了不洁的食物染上了霍乱，被送入伍连德所在的医院，经过抢救脱离了危险，而与他同桌用餐的另外3位客人则被送往苏俄医院，均没有保住性命。在伍连德的动员下，全市的公务人员开始协助防疫部门工作。他们定期广泛地散发传单和公告，呼吁大家养成良好的卫生习惯；向公众科普疾病的发展，报告住院和死亡人数；督促染病者要及时入院治疗。经过广泛宣传，民众的卫生意识提高了，霍乱的传播得到了控制。

霍乱的防治，除了切断传染源，对病人的治疗也很重要。在这次霍乱大流行中，伍连德带领团队积极收治、抢救霍乱病人，针对腹泻引起的水电解质紊乱，采取罗杰斯医生的办法，用氯化钠、氯化钙、氯化钾和蒸馏水配成高渗生理盐水，对患者进行静脉注射，同时让患者服用止吐药，使其症状得到缓解。这一救治方法取得了立竿见影的治疗效果。在伍连德的指挥下，滨江防疫医院[①]总共收治了1962人，其中死亡275人，死亡率为14.02%。哈尔滨新建的霍乱医院[②]病人死亡率为17.84%。对比当时各个医院的治愈率，这两个医院的情况，可谓非常出色。

---

① 即第134页表格中的"中国防疫医院（哈尔滨）"。
② 即第134页表格中的"中国新霍乱医院（哈尔滨）"。

| 8. 奉献与执着：在防疫事业中不懈追求 | 133

霍乱患者以不同方式被送到滨江防疫医院

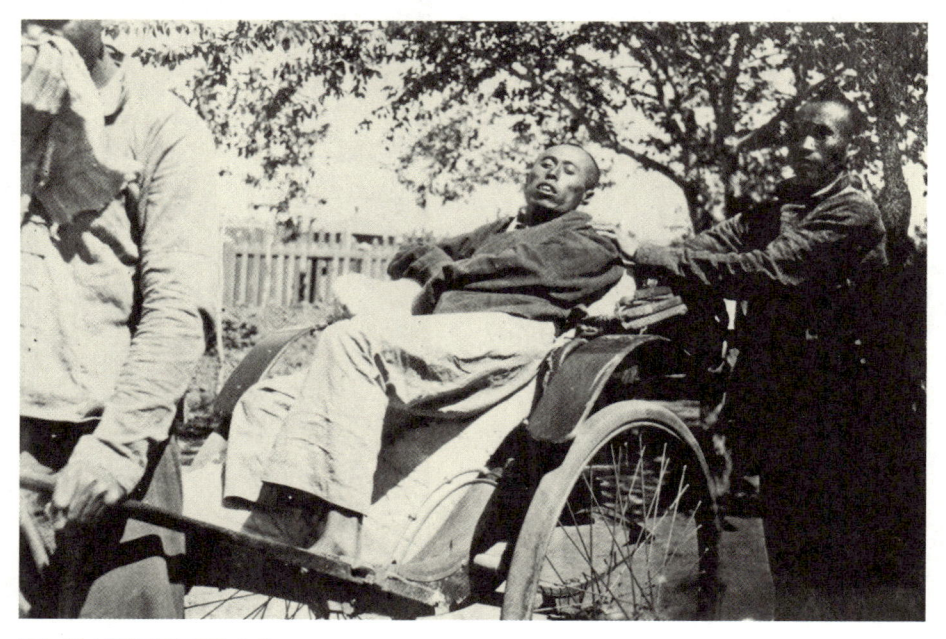

滨江防疫医院收治霍乱患者

中俄两国医院收治病人情况对比

医院名	入院人数/人	死亡人数/人	死亡率
俄国中央医院（哈尔滨）	400	135	33.75%
俄国市政医院（哈尔滨）	180	104	57.78%
日本传染病院（大连）	1256	707	56.29%
中国防疫医院（哈尔滨）	1962	275	14.02%
中国新霍乱医院（哈尔滨）	185	33	17.84%
俄国公立医院[符拉迪活斯托克（海参崴）]	200	133	66.50%

通过与日俄两国的对比，可以明显看得到，哈尔滨滨江防疫医院收治病人总数最多，死亡率最低，这也印证了伍连德领导下的防疫体系应对突发疫病的卓越能力。伍连德和他精心建设的防疫体系又一次拯救了哈尔滨。从这次霍乱防治中，伍连德获得了很多经验，收集到很多疫情资料，并分析出气温与发病和死亡的关系。他将这些经验和体会，写成论文《1919年中国之霍乱》，发表在当年的《中华医学杂志》上，供各地疫区医生防治霍乱时参考。

经过这一次与霍乱的较量，伍连德在此后应对1926年和1932年的两次霍乱大流行时都变得得心应

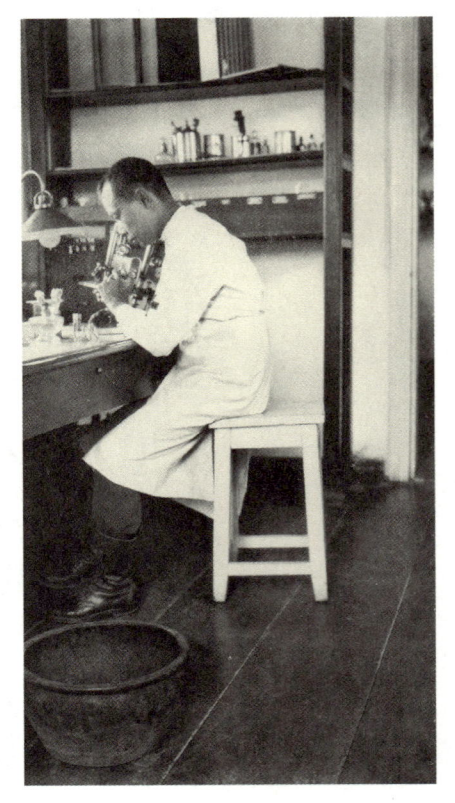

1919年伍连德在滨江防疫医院细菌实验室工作

手。1926年5月，上海出现第一例霍乱病例，此后，长江流域几乎每一个城市都暴发了霍乱，并进一步向南部中心城市蔓延，甚至流行到日本和朝鲜。霍乱流行期间，在伍连德的指挥下，东北防疫体系再一次发挥了卓越的防疫能力，东三省境内死于霍乱的有记录者仅为1500人，其中哈尔滨市仅有280人。而1932年夏天的霍乱大流行依然是从上海蔓延开，第一个病例就是停靠在上海港的法国巡洋舰上的海员。这一次的霍乱大流行，全国有23个省受到侵袭，366个大城市中有312个出现感染者。当时伍连德已定居上海，出任全国海港检疫管理处（简称海港检疫处）处长，所以他的主战场就在上海。

在这次行动中，国民政府卫生部部长刘瑞恒十分开明。当时上海有三个各自独立的卫生机构，分别隶属于公共租界、法租界和上海市。刘瑞恒倡议三方合作，在霍乱救治行动中，向卫生部所属设在上海的中央防止霍乱临时事务所提交全部信息，由伍连德担任该事务所所长，并尽量采用预防霍乱疫苗接种通行制度。为了鼓励广大上海市民与卫生部门合作，除了用各种办法宣传前往治疗中心就诊的好处，从1932年5月开始爆发到9月28日流行结束，事务所以伍连德的名义发布了18期公告，向广大读者报告霍乱流行动态，这样的做法非常有利于缓解民众的紧张情绪。在这一次的大流行中，上海的死亡率仅为7.4%。

伍连德在他兢兢业业为国服务的一生中，除了鼠疫、霍乱这样的烈性传染病，也一直在关注和研究其他传染病，如猩红热、斑疹伤寒、流感、炭疽及各种性病。他不断地提升着中国的防疫水平，引领着中国医学事业的发展，是当之无愧的中国检疫与防疫事业的先驱。

伍连德创立的防疫体系自建成后，十年来常备不懈，对各种突发疫情都做好了应急方案，人员设备与病房准备就绪，随时待命投入战斗。比如，在1919年霍乱大流行的这次考验中，他就交出了一份漂亮的答卷。这次抗击霍乱的成功，让世人对东三省防疫事务总处充满信心，然而伍连

美国红十字会工作人员路过哈尔滨,与伍连德一起进行霍乱防治(右一为伍连德)

工作人员用担架抬着霍乱患者

1919年哈尔滨防治霍乱期间的伍连德

德内心还是不能放松。自1911年东北第一次鼠疫后，十年间东北地区虽未发生鼠疫流行，但几乎每年西伯利亚和蒙古的不同地区都有零星的病例报道，在力所能及的情况下，中方的防疫人员也会赶到现场对病人进行诊断，展开观察与研究。时局的变化也是影响疫情的重要因素。

因为中俄两国的政权变更，两国禁止捕猎旱獭的法令变得形同虚设，在利益的驱使下，偷猎与交易不断发生，而且自1917年俄国"十月革命"后，大量俄国人逃往中俄边境的小城市，造成城市管理混乱，这些都为新的疫情暴发埋下了隐患。伍连德丝毫不敢放松警惕，因为鼠疫与霍乱不同，鼠疫可以说是染上必死，只有依靠严格的隔离措施才能控制住。不同于收治几千名霍乱病人，控制鼠疫面临的是几百万人口的防疫工作。1920年10月，海拉尔报告出现鼠疫病例，看守铁路桥的俄国人特雷尔金的妻子死于腺鼠疫，他刚刚给妻子下葬。

特雷尔金的妻子几天前开始感到不舒服，本以为是感冒，并未在意，结果病情突然恶化，几日内就去世了。此后，他的五个儿子中有三个相继出现了与母亲相同的症状并死亡。特雷尔金自己也发生了腺肿，幸而经过治疗后康复了。伍连德接到报告后来到海拉尔访问，并对这些病人进行了诊断。与这家俄国人生活在同一处院落的三名中国士兵也感染了，但他们并没有在意，仍旧自由散漫，与其他人正常接触交往，就这样将疫菌散播了出去。

海拉尔地区中俄民族混居，情况比较复杂，而且距离满洲里只有200千米，疫菌一旦开始在人群中快速传播，就很有可能重演十年前的噩梦。伍连德带领助手邓松年和苑德懋一行人在海拉尔访问期间，真实地看到了腺鼠疫通过败血症逐步演化成肺炎型鼠疫的过程。他马上组织相关医疗部门对鼠疫展开检测，如十年前扑灭肺鼠疫那次一样，海拉尔被分成四个区，在当地征用客栈、车厢作为隔离场所，并且组织当地医疗人员和军队挨家挨户检查。由于控制及时，鼠疫并没有在海拉尔大规模暴发，整个流行期间只有52例。

伍连德深知此时的自己只是一名防疫专家，没有命令和指挥当地官员及军队的权力，只能建议他们采取正确的措施。处理完海拉尔的事情后，伍连德要求当地有关部门继续监控，自己则火速返回哈尔滨开始部署防疫工作，组织当地各部门开会，划分区域和职责，紧急调集车厢和民房作为隔离场所，以防出现意外。东三省防疫事务总处在12月19日召集了哈尔滨的中国官员、商会代表、医务人员，组成了本地防疫委员会，紧急制定应对措施。同时，哈尔滨当局还制定了《卫生章程五条》《疫情报告制度》，加强行政管理。

其实，如果疫情在初发时就被控制住，将不会发展为大流行事件，如果海拉尔当地完全按照伍连德的要求，采取正确的措施，这次鼠疫就会被扼杀在萌芽之中。然而，没有如果，意外还是发生了。在海拉尔的一间隔离客栈中，隔离了几名士兵和与之有密切接触的工人，但这些人根本不遵守医院的隔离制度。12月12日，他们开始闹事，将前来处理的警察局局长和医官打得头破血流后，九名被隔离者逃窜。正是这九人的逃窜，造成了东北第二次鼠疫大流行。十年后的1921年，鼠疫又一次侵袭了东北，与上次一样山崩地裂。

海拉尔的病人出逃后，1921年1月12日，满洲里发现鼠疫病人，随后，满洲里到哈尔滨的铁路沿线相继出现鼠疫病例。起初满洲里鼠疫传播比较缓慢，到1月底只报告了36例。俄方医院实力雄厚，他们有五名医生、六名护士和十五名卫生杂役。如果俄方当时立即着手，鼠疫应该可以像在海拉尔一样被很快控制住。但因为当时俄国的政治形势纷杂，当局也没有相关经费，加上俄方医护人员防疫意识淡薄，错过了良机，鼠疫最终还是在满洲里大规模流行起来了。人们只能寄希望于中方的防疫总处满洲里站，但站里只三名医生、四名护士。此次鼠疫流行，满洲里受到重创，根据记录，满洲里的总死亡人数为1141人，而许多人的生命本来可以挽救。

　　1921年1月22日，哈尔滨出现鼠疫。东三省当时是张作霖的地盘，他将手里的钱大部分用在了打仗上，对鼠疫的防治只能拨出少量经费，且无法提供人员支持。而北洋当局所做的也只是提供部分防疫经费，对东北的疫情控制根本谈不上协调和帮助，其他的事情都需要地方自己解决。相比十年前，哈尔滨人口已增到了30万，一旦失守，后果不堪设想。伍连德决定坚守哈尔滨，尽一切努力使哈尔滨的鼠疫流行程度降到最低。没钱、没权、没人，此刻的伍连德像救火员一样东奔西走。得益于伍连德对防疫系统十年的苦心经营，以及已声名在外的他在抗疫方面的权威地位，再加上国际抗鼠疫委员会的成立，这才使得伍连德在哈尔滨能够运作自由。

　　首先要解决没钱的问题。伍连德奔走各地筹集防疫资金，多管齐下，向各级政府申请追加经费，向海关申请拨款，向国际组织请求援助，还组织商界领袖和富豪们进行捐款。其次，要解决鼠疫扩散的问题。伍连德将哈尔滨分为五个大区，建立起严格的隔离流程，最大限度地防止潜伏期的鼠疫病人感染其他隔离者。在严格控制交通的情况下并不封锁交通，避免鼠疫南下传播的同时，又不会使必要出行人员四散绕行。民众的力量也被调动起来，伍连德指挥防疫总处出版防疫日报，专门报道鼠疫的流行情况。政府防疫措施的发布和防疫知识的科普，让流言蜚语没有了市场。这些公开疫情情况以取信于民的努力收到了很好的效果，民众开始自觉配合防疫，哈尔滨的防疫局势得以在良性的轨道上顺利发展。防疫工作按部就班地进行着，哈尔滨没有因为鼠疫的流行而产生大的社会波动。经过多方面的努力，4月10日，死亡人数开始下降，5月15日，死亡人数清零。据统计，哈尔滨此次疫情，共造成了3125人死亡，占哈尔滨总人口约1%。

　　此前，从海拉尔出逃的九人带着疫菌沿着铁路线逃往各地，其中两人于1920年1月2日逃到了100多千米外的扎赉诺尔投奔同乡。两人住进了当地的工棚中，17人同居一室。结果到了1月18日，这17人全部死亡。扎赉诺尔是一个有着6000多名矿工的煤矿城市，当地的2000名俄国工人居住在条件较好的独立木屋中，而4000多名中国工人普遍居住在一种一米多深的地窖式的工棚内。这种居所建造简单，密封性强，冬天取暖不用耗费很多燃料。有的工棚里能挤下60至80人。一条通道，两边大炕，一旦有人感染了传染性疾病，这种构造的空间会将疫菌锁在其中。那两名从海拉尔逃到此处的病人，与其他工人一起出工，同吃同住。鼠疫就这样迅速在矿区蔓延开来。到了第三个星期，平均每天死亡30人，到了第四个星期，平均每天死亡40人。当地居民极度恐慌，主动求援。伍连德在哈尔滨暂时无法脱身，还有齐齐哈尔的疫情需要驰援，便先派了五名医生和足够的助手赶往扎赉诺尔，并布置了防疫方案：将接触者与鼠疫病人隔离开来，6至8人一组转移到隔离车中，白天在受过训练的警察的监管下多晒太阳。可到了2月10日，扎赉诺尔的死者仍高达491人。

扎赉诺尔矿工居住的"地窖子"。鼠疫来袭，这里成为鼠疫杆菌传染的温床

伍连德从哈尔滨分身出来抵达扎赉诺尔时，已经是2月11日了，当地已经是尸体随处可见的悲惨景象，所有行业都因疫情停滞了。根据经验，伍连德判断当地的防疫工作一定存在重大疏漏。经过调查发现，居住在地窖式客栈的矿工们，当其中一个矿工患病死亡后，其余人还在陆续进出患者居住过的空间，或者搬动、收集死者的遗物，导致传染发生；对病患的隔离措施也实施得不到位，接触者被聚集在已发现病患的工棚里；此外，矿工们在疫情暴发后反对任何预防措施，仍四处逃散，而防疫人员和军警也没有进行有效阻拦，这都导致了疫情的蔓延。在伍连德的指挥下，扎赉诺尔加强了防控措施，组织力量将尸体全部火化，设置了车厢隔离医院，劝导居民从密闭空间移居到房外，并对房屋进行消毒。到了2月15日，因疫死亡的人数就降到了个位数，伍连德对此基本满意，认为扎赉诺尔的疫情可以在十日内清零。但当地一直有来自满洲里的新感染患者。防疫记录显示，扎赉诺尔最后一名鼠疫死者记录于1921年的5月19日。这个煤矿城市总共有1017名工人染病身亡，是东北第二次鼠疫流行时期死亡比例最高的地方。

这次疫情点多面广，伍连德始终在防疫前线，因为在那里才能掌握第一手资料，了解疫情之势、病人症状及当地局势，从而对症处置。在东北第二次鼠疫大流行期间，伍连德遍访海拉尔、满洲里、扎赉诺尔、大黑河、齐齐哈尔等疫情地区。防疫工作同时在这些地方有序展开，疫情得以控制。特别是在人口密度大、流动性强，而当地行政组织能力弱的情况下，伍连德及其他医护人员仍为整个东三省筑起防疫长城，使得关内均未波及。相比起第一次鼠疫大流行的防控，这一次由伍连德主导的防疫工作取得了重大进步。

然而，东北第二次鼠疫流行在历史上没有第一次鼠疫大流行那样著名，记录者们对这次防疫往往一笔带过，其实正是伍连德的努力，才没有让这次的鼠疫像十年前那样失控。伍连德十年磨一剑，他用人生最宝贵的十年光阴坚守在东北，正是因为防疫委员会常备不懈，准备充分，措施得

防疫人员使用蒸汽机消毒房屋

扎赉诺尔的防疫团队

防疫人员用马车运输遗体

扎赉诺尔的防疫团队

防疫人员将收集的遗体送入火葬场

居住在"地窨子"里的矿工被疏散到宽大、通风、条件好的住处

死者被送入火葬场

防疫人员使用长钩收回死者，避免直接接触细菌

伍连德（右一）在扎赉诺尔视察车厢隔离营

死者所在的矿区为其火葬

当，才牢牢地把这次的鼠疫控制在东三省北部黑龙江省一带，并使得死亡人数大幅降低。将这样一场很可能发展为大流行的疫情变为局部流行的疫情，是伍连德和东三省防疫事务总处的最大功绩。从此，在东北，鼠疫再也没有大规模流行起来。伍连德当之无愧地享有"鼠疫斗士"的称号。

1920年至1921年鼠疫流行期间，在指挥防疫工作的同时，伍连德也积极投入对鼠疫的研究。他在自传中回忆了自己在1921年进行的科研工作，包括多个与疾病传染机制和隔离措施等有关的实验。在此期间，他进行了"鼠疫患者痰液实验""患者病房中实施的实验""混合感染实验""非易感动物实验"等多项实验。伍连德认真记录了鼠疫患者的发病过程、不同表象与不同传染能力，为准确发现病人，及时隔离病人，避免传染提供了依据。这些科研工作，让他详细掌握了肺鼠疫的数据材料，后来，这些学术成果被他总结整理出来，记录在《东三省防疫事务总处报告大全书》中，为后续鼠疫防控工作，留下了大量的宝贵经验、实验数据和科学论断。

一家人死于鼠疫

| 8. 奉献与执着：在防疫事业中不懈追求 | 149

《东北防疫处报告大全书》第七册（中英文版）

伍连德（中间戴口罩双手放前者）在免渡河

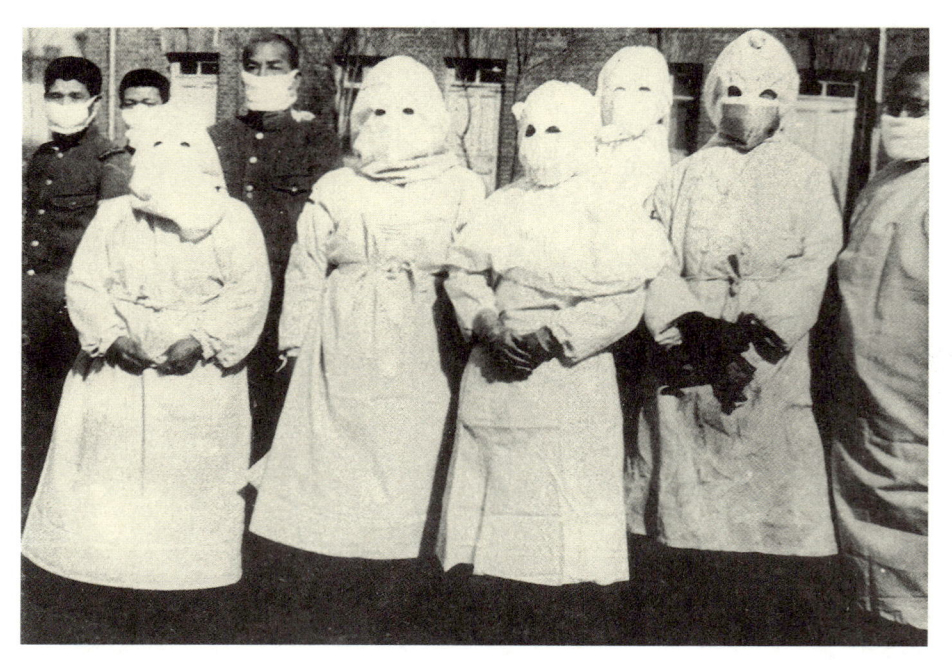

伍连德（右一）在哈尔滨

伍连德（右二）在博克图

8. 奉献与执着：在防疫事业中不懈追求 | 151

伍连德（前排右一）在绥芬河

伍连德（前排右三）在长春

9.

培育英才：中国现代医学教育先驱

伍连德一生致力于传染病防治的实践和研究，在中国工作的几十年中，他以科学的理念和方法战胜了20世纪初震惊中外的中国东北鼠疫，提出并丰富了肺鼠疫防治理论，成为世界鼠疫防治史上的里程碑。后来，他又用同样的防疫方式迅速消灭了1917年山西的肺鼠疫、1920年在东北第二次暴发的肺鼠疫，并先后两次杜绝了哈尔滨霍乱的大流行，以及阻断了上海暴发的中国最大霍乱的流行，但他在中国做的事情远不止这些。除了防疫，伍连德还专注于推动中国医学的发展，为中国构建了科学的卫生防疫体系。他推进医学教育改革，建立现代化医学院所，创立中华医学会，著书立说，促进中国医学与世界的交流。他睿智博学、高瞻远瞩，在那个动乱的年代，坚定不移地推动中国医学，尤其是中国公共卫生事业的发展，取得了极大的成就，对中国乃至世界产生了深远的影响。

伍连德最初就是为了医学教育事业而归国的。1907年，直隶总督袁世凯邀请伍连德出任天津陆军军医学堂的帮办。当时，伍连德因在家乡槟榔屿积极参与禁烟运动触动了鸦片贩子与殖民当局的利益，而被人设局陷害，备受屈辱，祖国此时向他伸出双臂，令他十分激动。他便怀着报国之心奔赴祖国怀抱。1908年，伍连德回国，经上海赴天津。在上海停留期间，他按照自己的习惯，拜访了当地的医学专家，与外国在华传教士医疗活动的领导者进行了深入交流，不久就加入了他们的会社——博医会。通过博医会这个平台，他结识了众多在华的医学精英，包括他的老同学、湖南湘雅医学院的创始人胡美，以及颜福庆、刁信德、俞凤宾、唐乃安、牛惠生、牛惠霖等人。这些杰出的医学家逐渐形成了一个紧密的团队，定期进行学术交流和研讨，共同探讨如何构建现代化的医学体系。

19世纪末20世纪初正处于晚清西学东渐之时，1908年伍连德正式入职陆军军医学堂后，便引进了现代化医学教育思路。短短两年，陆军军医学堂就摆脱了日本模式，开始为中国军队输送合格的现代军医，伍连德开启了一条推动中国医学教育走向现代化的改革之路。当时，西方医学随教会传入中国，外国医生在中国创建了许多医学会，但这些医学会的入会准则将一大批中国医生拒之门外，阻碍了中国医生的进步。伍连德觉得，有必要建立一个中国人自己的全国性的医学组织，便起草了建立华人医学协会的计划，但当时时机并不成熟，计划只能暂时搁置。

1910年至1911年东北鼠疫大流行，伍连德利用现代医学手段在短短三个月内便控制住了这场百年不遇的大瘟疫，对清政府和民众产生了极大的震撼，由此官方和民间开始对现代医学产生信任并给予重视。这场战役让伍连德认识到医疗资源和合格医生的匮乏是中国亟待解决的问题。他指出，现有的三类医学教学机构——官办的医学堂、教会主办的医院教学机构和海外留学归来的医学人员创办的教学机构，都极为有限，不能满足国民的医疗需求，医学教育的变革势在必行。在出国参加完多项国际会议后，伍连德便立即向当时的政府呈递了一份《中国的医学教育》长篇备忘录，也就是《上政府拟改组全国医学教育之条陈》。伍连德对加速医学进步、发展中国的医学教育、变革课程设置、建立全国性的医学教育监管体制和医生考察体制提出了系统想法。为了从根本上改变医科生的培养方式，他建议让医学生修习生理学、人体解剖学，在医院进行系统的临床教学，还要设置中央医药协会，建立中央医学统辖处以监督医学教育，以及提出医科生除中文外还要学习英文等具体建议。这份"条陈"在建立中国现代医学教育中具有开拓性的作用，其中大部分建议都可以顺利采纳、落实，但还有一些阻力存在。

尽管东北鼠疫大流行后人们对现代医学不再有公开的怀疑，可是西方医学中的解剖学对中国人"身体发肤，受之父母，不敢毁伤"的传统观念冲击仍然极大。不过，伍连德在东北抗疫中以解剖尸体的方式查明病原并战胜疫情的实践，让很多人开始从新的角度审视西方医学。加之伍连德的好友莫理循已经成为袁世凯的政治顾问，在借助他的力量向袁世凯极力推荐后，伍连德的这些医学教育改革建议得以逐项落实。1913年11月，大总统袁世凯发布了总统令，使解剖尸体合法化并得到管理。1913年11月22日，内务部也发布了第51号指令，进一步细化了尸体解剖的管理法则。一系列政府法令颁布后，1913年起，各地的医学院先后开始在教学中加入人体解剖课程。

1914年5月，伍连德与颜福庆等人在上海联名发起，成立中华医学会。此时的中国，现代医学已经占据主导地位，成立国人自己的医学会的时机已成熟。经过伍连德等人的积极活动，在1915年2月上海的集会上，中华医学会宣告成立。会议着重讨论了医学教育、医学名词编译、家庭卫生医业注册等问题。会议根据伍连德提名，选举颜福庆为创会会长，伍连德为书记，刁信德为司库，俞凤宾为庶务。会址选在上海南京路34号。作为我国医学科技工作者自愿组成的学术团体，协会将"巩固医家友谊，尊重医德医权，普及医学卫生，联络华洋医界"奉为宗旨。到1915年年底，中华医学会会员已经由最初的21人增到223人，其中也有不少博医会的会员，两个协会还会经常一起活动。在这次中华医学会的成立大会上，伍连德受命创办了全国医学杂志——《中华医学杂志》，并任总编辑。在伍连德等人的努力下，第一期《中华医学杂志》于当年10月出版，杂志为半年刊，中英文并用。次年3月改为季刊，1924年改为双月刊，1935年又改为月刊至今。如今，《中华医学杂志》已有百年历史，它为促进中国医学的发展，

9. 培育英才：中国现代医学教育先驱

伍连德发表的呼吁改革中国医学教育的文章

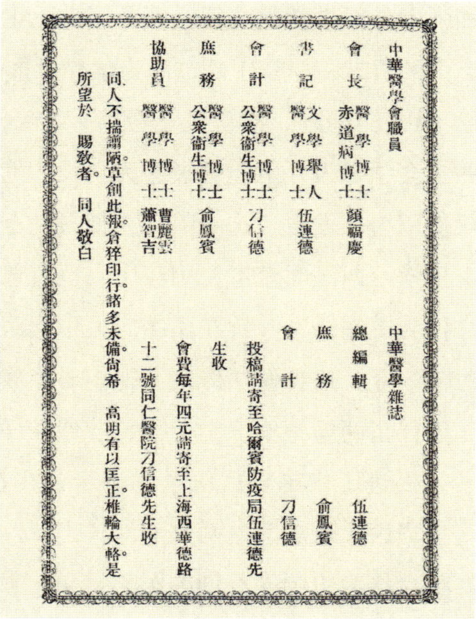

中华医学会成立大会推举产生了第一任领导机构

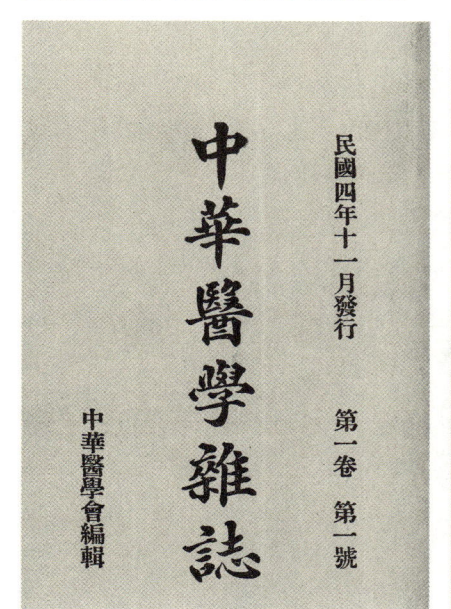

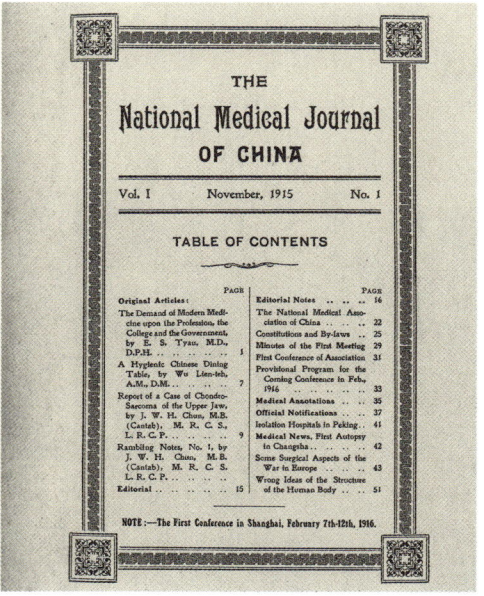

《中华医学杂志》创刊号中英文封面（组图）

加强中外医学学术交流，普及医学卫生知识，提高国人健康水平，做出了巨大的贡献，享誉中外，深为学界所推崇。

1916年2月，中华医学会第一次会员大会在上海举行，大会改选了新的学会领导人，伍连德被选为会长。他当选后致辞的第一句话便是建议会议使用中文发言，这一倡议立刻得到全体与会者的热烈拥护。当时的中国医生学习西医时基本使用英文，也有兼用法文、德文的，中华医学会把中文作为工作语言，旨在团结广大中国医生，弘扬民族文化、积极开拓民族医学事业，这种做法体现了他们对民族医学事业的热爱和执着追求。伍连德连任了两届中华医学会会长。他在任期间，大力发展会员，开展学术活动，促进了中国现代医学的进步，在扩大中华医学会的会员规模和创办《中华医学杂志》这两方面都付出了巨大的努力。有努力就有回报，中华医学会作为中国人首创的医学学会，很快便受到当时各界人士的拥护，并快速发展壮大。自1917年1月在广州召开的中华医学会第二次会员大会开始，博医会便将年会与其联合举办。伍连德作为会长，发表了《中国医界执业之先决课题》，提出了有关中国医学界规范化、标准化与法制化的九大具体课题。1915年中华医学会出版《中国医士人名录》；1928年编写

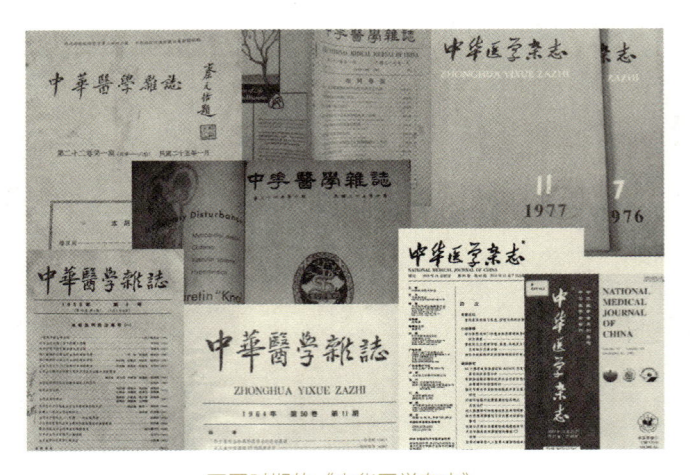

不同时期的《中华医学杂志》

《中国医界指南》以团结全国各地医生；1933年出版有关中华医学会医德伦理建设的《中华医生条诫》；1915年颜福庆发表《医家之责任》；1916年伍连德编写《尊重医德刍言》，提出尊重医德医权。这些书籍和文章都为中国现代医学发展指明了方向，尤其是为20世纪初我国现代医学的发展做出了可贵的贡献。

1915年2月，中国博医会在上海年会合影，第二排右二为伍连德。2月5日中午在上海四川路一家饭店，伍连德、颜福庆、俞凤宾、刁信德、许世芳、古恩康、丁福保、陈天宠、高恩养、萧智吉、唐乃安、康成、成颂文、李永和、刘湛燊、梁重良、钟拱辰、黄琼仙、石美玉、陶漱石、曹丽云等21位医生，正式宣布中华医学会成立

伍连德发起组建中华医学会之后，又为重点发展某些细分学科或防治某些危害严重的疾病，组建了一批专业学会（或协会）。1928年，他与谢和平、林宗扬在北京发起成立了中国微生物学会，并担任首任会长，以发展这门新兴学科。1932年，伍连德亲自主持了中国首届国际麻风病会议，倡导为麻风病患者提供人道主义救援。1933年，伍连德与颜福庆发起组建中国防痨协会，由颜福庆担任会长。在当时，结核病，特别是肺结核病（又称肺痨），对人民危害极大，伍连德夫人都患有此病，久治不愈。为加强对结核病的预防与治疗，中国防痨协会做了大量宣传与预防工作。1937年，伍连德又发起中华医学会公共卫生学会，并担任首届会长，该学会创办了影响力较大的《中华健康杂志》。

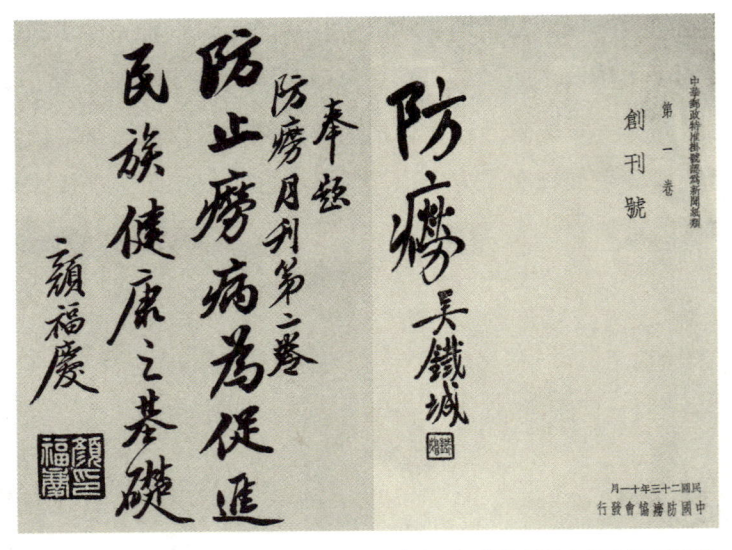

1933年10月21日，中国防痨协会成立大会，伍连德任防痨协会常务理事

在中华医学会成立后的几十年间，这个中国人首创的医学会已经成为国内医学界规模最大、影响最大的医学会，同时它也代表中国医学界在世界范围内产生了深远的影响。伍连德对学会的建设，无论是组织上、精神与文化上（杂志与图书馆），还是物质上，都竭智尽忠。到2018年，中华医学会已经拥有约70万名会员、89个专科分会、478个专业学组，加入了42个国际性、区域性医学组织，并与国内47个省级城市以及副省级城市地方医学会保持着密切的合作，成为发展中国医学卫生事业的重要力量。学会的刊物，也由1种逐渐发展到191种纸质或电子的系列医学期刊，每年主办、承办将近200个国际国内医学学术会议，成为中国医学的宣传与学术阵地。创办中华医学会和《中华医学杂志》都是伍连德为建设中国的现代医学体系做出的卓越贡献。如今，历经百年沧桑的中华医学会在国内外都产生了巨大影响，大大促进了国内医学事业的发展和国际学术文化交流。

伍连德在研究、著述的同时，还对中国医学史情有独钟。自从在由英

1932年中华医学会第九次大会期间，中华医学会与中华麻风救济会共同召开第一届全国麻风大会的合影。伍连德（二排左七）主持会议，国际麻风救济会秘书安特生、李奥乌基金国际麻风杂志主笔韦德（H.W.Wade）等参加

1947年中华医史学会第二届大会，恰逢伍连德回国探访。前排左三为伍连德、左四为王吉民

伍连德（右）与中华麻风救济会会长李元信（左）、韦德（中）合影

国返回新加坡的邮轮上第一次系统地了解中国历史后，伍连德就对祖国的历史和文化产生了浓厚的兴趣。回到祖国后，他广泛地接触和学习传统文化，交往结识的多为有着深厚文化底蕴的人士，如梁启超、辜鸿铭等。他的夫人黄淑琼也对传统文化非常精通，耳濡目染之下，再结合自己的医学背景，伍连德对中国的传统医学产生了极大的兴趣。他扎根中国的同时，也一直与国际医学界保持着密切的交流。1915年，他读到一本由美国人嘉里逊在1913年出版的《医学史》，这本书是美国第一部全面介绍世界医学史的专著，也是医学史方面的权威课本和主要参考书。伍连德发现其中描写中国医学的内容竟然不到一页纸，而且严重失实，便给嘉里逊去信询问，但却得到这样的答复：中国医学可能有它的长处和特点，但目前还没有外文的著说。既然中国医学有很多有价值的东西，为什么中国人自己不对外宣传？伍连德受到很大震动，随即找医学史专家王吉民商议。两人

决定写一部《中国医史》，向世界介绍从古到今的中国医学。前后耗费近十六年时间才完成纯英文撰写的《中国医史》，于1932年出版，此书后流传到国外，多次再版。伍连德和王吉民的用意非常明确，就是要让外国人知道，中国不仅有悠久的历史，而且有与之同样悠久的传统医学，其丰富的内涵和科学价值是不容忽视的。这本书既总结了几千年来中国医学的优良传统，也向世界宣传了中国医学的光辉成就，是伍连德对中国传统医学的巨大贡献。

早期医史馆

伍连德不仅有着强烈的民族自尊心，也对中国医学的辉煌成就有着极强的自信心，他不仅对中国现代医学贡献卓越，对中国传统医学的贡献也鲜少有人能比。他积极提倡中国医学史的研究和教育，认为应联络、组织更多的医学英才对医学发展的历史与成就进行系统的探讨和研究。在他和王吉民等医师的倡议下，1935年11月，中华医学会第十一届会员会议在广州召开，医学史研究者王吉民、伍连德、李涛等共同发起成立医史委员会。1936年2月，医史委员会（成立之初为"医史委员会"，后改为"医史学会"）经中华医学会批准，正式成立，王吉民任会长，由此，中华医学会又增加了一份弘扬中国医学历史与文化的使命。

作为一位杰出的医学家和医学教育家，伍连德不仅在培育医学英才方面倾注了大量心血，也在提升自我方面不断追求卓越。为了更好地为患者服务，为医学事业做出更大的贡献，他不断学习和探索新的医学理论和技术，积极参加各种学术交流和研讨活动，不断拓宽自己的视野和知识面。

1924年8月，伍连德接受洛克菲勒基金会提供的资助，由上海乘坐豪华的"总统号"轮船前往美国进修医学课程。抵达旧金山后，伍连德先到设在佐治亚州利斯堡的疟疾研究所。这个研究所由著名的达林教授主持，专门从事疟疾及其相关问题的研究。伍连德要在这里考察蚊子在水池沼泽中是怎样滋生的。当时，伍连德45岁。为了研究，他常常和来自巴西、阿根廷、巴拿马以及美国的学者一道，深入黑人居住的低矮简陋的房宅，捕捉各种蚊虫，带回实验室做检查。有时，为了搜集有关蚊子的资料，他们要在沼泽中跋涉一两个钟头，但却"不以为苦"。

伍连德在美国南部逗留了一个月之后，便和另外几位外国同事一起前往马里兰州巴尔的摩市。那里有由洛克菲勒基金会出资创办的约翰斯·霍普金斯大学公共卫生学院。该学院吸引了各国公共卫生领域的领袖和行政人员前来接受培训，以获取新知识，同时，将各国特有的经验传授给其他人。这里实际上是给各国公共卫生学者提供了一个学术交流平台。伍连德在那里介绍了我国东北三省防疫的经验，同时与其他国家的同行交流了学术见解。伍连德等40位同学在霍普金斯大学度过了一年时光，到了第二年（1925年）7月期满毕业，他获得了学院颁发的一张公共卫生学资格证书。这个资格证书到了1939年改为约翰斯·霍普金斯大学公共卫生学硕士学位。

在美国的一年里，伍连德一有空闲便就去各地旅行。他了解了黑人生活、权利的变化，参观了美国的一些学校、研究机构。在芝加哥麦克科密克学院里，他看到迪克夫妇正在研究一种用于预防猩红热的针剂。猩红热当时在我国华北地区流行，伍连德表示愿意将他们的针剂介绍给中国患者，并得到他们的赞许。迪克夫妇还向他介绍了两人发明的一种检查儿童是否患有猩红热的方法，叫"迪克试验"。猩红热是一种主要在儿童中流行的传染病。事实上，中国在1873年前，并不知道现代意义上的猩红热，到1902年，上海的猩红热患者已达1500人。后来，此病陆续传到天津、北京、奉天和哈尔滨，病死率很高。建立防疫体系后，伍连德对各种传染病都会有一些研究。他注意到猩红热这种病在中国的情况，也试图找到防治的办法。1925年，伍连德从美国回国，引进迪克夫妇检查猩红热的方法，在哈尔滨实验室第一次作了"迪克试验"。自此之后，中国猩红热的致死率不断下降。中国是东亚国家中最早开始这项试验工作的，比日本还要早。虽然日本人在任何医药或细菌研究方面都要争先，但此项工作他们落后了。

在中国近现代医学史上，伍连德的地位举足轻重。他不仅是一位杰出的医学家，还是中国现代医学教育的先驱和开拓者。他的贡献影响深远，为中国医学事业的发展奠定了坚实的基础。他的学术成就和人格魅力，更使他成为中国医学界的楷模和榜样，激励着一代又一代的医学人才不断追求卓越和创新。

10.

医疗先锋：
构筑中国现代化医院、医学院

　　除了组建各种医学会，促进医学交流，伍连德还积极兴办医院，推动医疗事业深入发展。他深知医疗资源对于改善人民健康状况的重要性，因此不遗余力地投身于医院的建设和管理中。他不仅注重医院的硬件设施建设，还注重医疗人员的技术提高和人才培养。在他的努力下，许多医院得到了快速发展，为民众提供了更好的医疗服务。如今的北京大学人民医院以及协和医院都是伍连德当年倾注了大量精力和心血推动发展起来的。

　　伍连德博士建设北京中央医院的故事，是一个充满奉献和付出的故事。北京中央医院是北京大学人民医院的前身，这是第一所由中国人自己建立、自己管理的现代化医院。伍连德正是这所医院的创建者和首任院长。他为其投入了巨大精力，持续奋斗了四年之久。伍连德创建北京中央医院的故事可以追溯到1915年。当时，伍连德得知周学熙财政总长想要在北京西山修建一所造价10万元的结核病疗养院，立即想到现在京城正流行的重症猩红热。伍连德认为，应该在城区建设一座社会更急需的医院，便提出了建设一座现代化综合性医院的构想。他希望以这座医院为全国医学改革的示范，进一步促进公共卫生事业的发展。

　　因此，众人决定在北京中央公园（今中山公园）的来今雨轩召开一次建设北京中央医院的会议。出席者有时任财政总长周学熙、内务总长朱启铃、外交总长曹汝霖、司法总长章宗祥、国务院秘书长林长民、交通部顾问王景春、陇海铁路督办施肇曾（施肇基之兄）、京师警监吴清连、伍连德，以及十几位有影响力的相关人士。在会议上，伍连德的"现代化综合医院构想"获得与会者采纳。财政部允诺拨款10万元，在场名士捐款11万元。除此之外，内务部还拨用历代帝王庙旁边一块位置适当的土地，作为医院建设之用，其后边另一块地皮则用2.1万元买下来。

北京中央医院设计蓝图

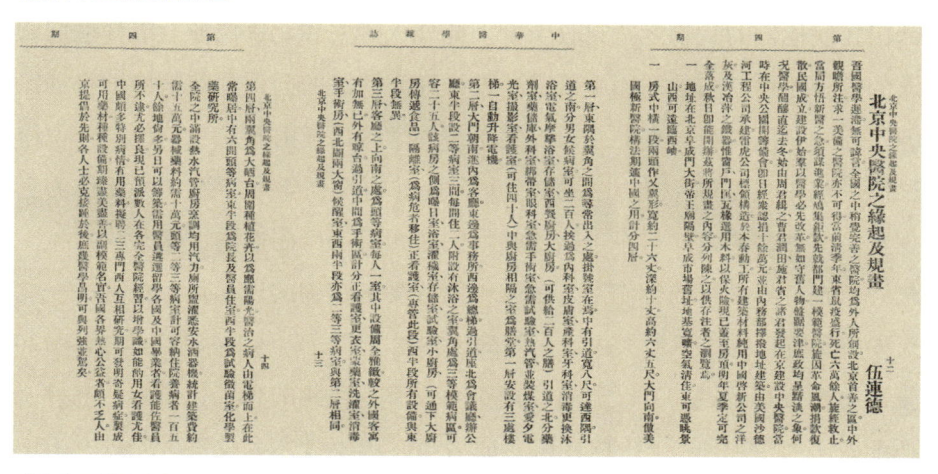

《中华医学杂志》1916年第四期刊登的《北京中央医院之缘起及规划》

伍连德立志要建设一所现代化的中国医院，聘请了美国建筑师哈利·赫西主持设计，整个建筑采用了西式建筑风格。伍连德被任命为名誉医务总办，除财政外，一切事务皆由他主管。但是，整个工程预算需50万元，还需要自行筹措大量资金。当时，全国政局动荡，严重妨碍了为北京中央医院募集捐款的活动。建设经费难以保证，伍连德便返回家乡槟城组织募捐，募得槟城爱国华侨的捐款3万元。伍连德博士自己捐献了2500元，施肇曾先生捐献了5000元。为了节省资金，伍连德率先垂范，放弃工资，义务工作。

1916年初夏，北京中央医院破土动工。伍连德博士从此便全身心地投入医院的建设中。当时他有很多事情要做——组建中华医学会，兼顾东三省防疫事务总处的工作，编纂书籍、出版刊物，等等。但只要他在北京，每天都会乘坐私人黄包车，从东堂子胡同55号的家，经过故宫、北海、西四牌楼，到北京中央医院所在地，亲自监督建筑工程的进度，见证自己梦想的医院一天天地建成。为了节省资金，伍连德不得不精打细算，不知疲倦地与各方沟通。

他说服水泥公司、卫生设备进口商给予他们折扣；说服汉阳铁厂把供应给他们的钢筋减价20%；利用担任四条铁路总医官的身份便利游说铁路部门，使他们的货物运费只收半价。此外，海关和北京税务处准许他们购入的货物免税，名誉司库施肇曾还安排陇海铁路的会计师前来协助打理账务。后来，伍连德的老朋友梁启超接替周学熙出任财政总长，伍连德说服梁启超从中央国库中追加拨款3万元，此外再增加年度津贴1000元作为管理费。另外，萨镇冰将军也赠送给他们德州兵工厂制造的一些外科器械。最终，在各界诚挚的合作下，这座钢筋混凝土结构的现代化大医院——北京中央医院，终于落成，内设一等病床10张、二等病床20张和三等病床120张，总投资不超过50万元。这座建筑不仅有现代化的暖气、热水、电梯，还配备了当时刚刚发明的X光机，成为当时规模最大、设备最先进、由中国人自己管理的第一所综合性医院。

| 10. 医疗先锋：构筑中国现代化医院、医学院 | 167

1918年1月27日拍摄的北京中央医院

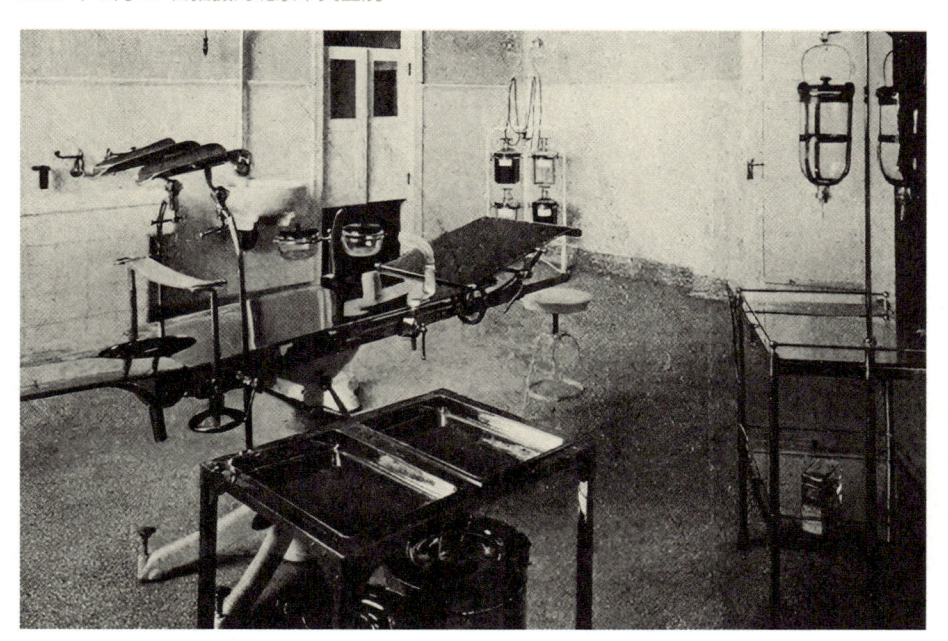

北京中央医院手术室

北京中央医院，现为北京大学人民医院白塔寺院区

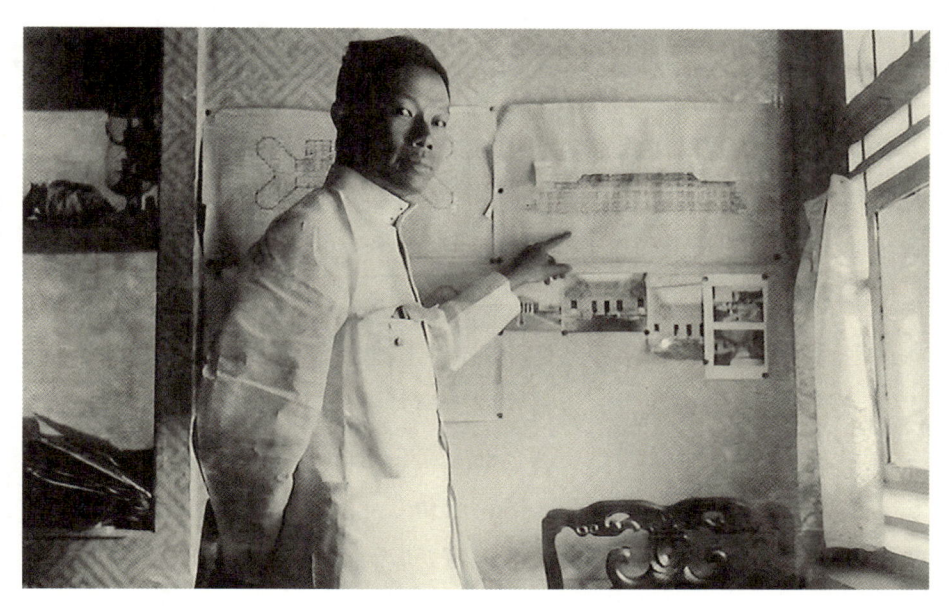

| 10. 医疗先锋：构筑中国现代化医院、医学院 | 169

当年伍连德在工程现场办公室查看北京中央医院主楼设计图

　　北京中央医院于1918年1月27日正式开办，伍连德担任院长，并在开业典礼上做了致辞演讲。社会各界、中外医生前来参观者络绎不绝，中外报刊都给予很高的评价。但不久后，医院的管理层便出现诸多分歧，伍连德多年的心血需拱手让人，加上与他肝胆相照的好友程璧光在广州街头遇刺身亡，接连遭受打击的伍连德身心俱疲，他辞去了医务总办的职务。在妻子黄淑琼的陪伴下，他在西山八大处休养了四个月，治疗其因长期过度操劳而患上的心肌炎。这是他自槟城禁毒被陷害后，又一个极其灰暗的时期。在翠柏密布的西山，在妻子的悉心照料和无微不至的抚慰下，伍连德逐渐恢复了健康。重振精神后，他立刻又投身工作，在北京主持建立了中央防疫处，随后又奔赴哈尔滨紧盯防疫一线工作。

　　伍连德与协和医学院的渊源则可以追溯到1913年。那一年，美国哈佛大学名誉校长查尔斯·艾略特，来到中国进行医疗和卫生状况的考察。由于伍连德出色的工作能力，他受到外务部的委任，全程陪同查尔斯·艾略特的访华行程，并向其详尽阐述了中国的医学现状及迫切需求。次年4月，美国洛克菲勒基金会组建了中国医学考察团，对中国医学、医学教育及公共卫生状况进行了为期四个月的深入调研并提交了综合报告。该团成员包括芝加哥大学校长贾德森，1910年东北抗疫时的美国驻哈尔滨总领事顾临，以及医学博士皮博迪，等等。此次考察依旧由伍连德参与接待，他向考察团详细介绍了中国的医疗卫生体系和医学教育状况，并力主建立中国的西方医学体系。考察团共访问了17所医学院和88所医院，最终发布了名为《中国医学》的报告，该报告成为当时中国医学和公共卫生状况的重要参考资料。基于此次考察，基金会决定在北京资助建立一所医学院，并设立中华医学基金会，由约翰·洛克菲勒二世担任主席，巴特利克为美方理事，顾临为常驻中国理事。基金会成立后的首个重要决策就是接收并改制协和医学堂①，成立协和医学院董事会。受第一次世界大战的影响，医学院的建设直至1917年才正式启动。伍连德因与顾临在抗击鼠疫期间建立了深厚友谊，自筹备之初便深度参与协和医学院的建设。

洛克菲勒基金会经过三次对中国的考察，购买了原协和医学堂和豫王府的全部土地，并投入750万美元，筹建北京协和医学院。经过四年的精心筹建，1921年9月19日，新北京协和医学院及协和医院举行了盛大的落成典礼。出席典礼的嘉宾包括国内外高级官员、美国约翰·洛克菲勒二世夫妇以及来自世界各国的著名医生。伍连德作为特邀嘉宾，发表了题为《鼠疫在东方，特别是在东三省之暴发》的学术论文。在开业庆典中，伍连德以中华医学会资深会员的名义在北京中央公园举行了一场中国式的午宴，招待出席庆典的120位来自世界各国的医生，并举办了家宴招待一些外国朋友，为庆典增色不少。可以说，是伍连德一手促成了协和建院，开启了协和百年的光辉历史。

---

① 协和医学堂，北京协和医学院的前身，1906年，由英国伦敦会、美国长老会和美国圣公会等六家教会联合创建，属教会团体。

| 10. 医疗先锋：构筑中国现代化医院、医学院 | 171

1921年9月，新落成的协和医学院

洛克菲勒基金会成员参加协和医学院开幕典礼，前排持帽者为约翰·洛克菲勒二世

1921年9月，协和医学院开幕式上伍连德（右二）身着博士服出席

协和医学院开幕典礼上的中国医学学者。右一为伍连德，伍连德左侧未戴帽者为屈永秋，二人同为总统侍医

| 10. 医疗先锋：构筑中国现代化医院、医学院 | 173

伍连德代表中华医学会宴请洛克菲勒二世及出席协和医学院开学典礼的来宾。中间持帽者为洛克菲勒二世，伍连德、黄淑琼夫妇在其两边，前排左一为韦尔奇博士

　　除了对协和医学院及协和医院的筹建做出重大贡献，伍连德还积极推荐了一批留洋回来的核心骨干加入协和医学院，包括刘瑞恒、林宗扬和林可胜等。其中，留学归来的刘瑞恒原本打算申请到东三省防疫事务总处工作，但伍连德了解到刘瑞恒在哈佛大学专攻外科，认为仅仅从事卫生防疫工作无法充分发挥其专业才能，因此力劝他继续从事外科工作，并成功推荐他加入协和医学院。1926年，洛克菲勒基金会认为协和医学院与协和医院人才济济，已经可以自主管理，便将管理权交出。刘瑞恒随后成为协和医院的第一位华人院长（1929年，刘瑞恒兼任协和医学院校长，成为协和首位华人校长），林宗扬和林可胜也分别担任了协和医学院的细菌系主任和生理系主任。在协和医学院的发展历程中，伍连德扮演了重要的角色，他的精神和思想持续影响着中国医学事业的发展。值得一提的是，1928年，洛克菲勒基金会放弃了它在协和医学院董事会中所享有的占多数的权

伍连德、黄淑琼夫妇在协和医学院开幕式上留影

利,并将1200万美金赠予美国中华医学基金会,使其从洛克菲勒基金会的下设机构转变为独立运作的组织。美国中华医学基金会除维系北京协和医学院的运营外,还赞助了长沙湘雅医学院、北京国立医学院、上海圣约翰大学医学院等7所医院、12所预科学校。可以说,伍连德对中国现代医学院和医院的建设功不可没。

除了以上非政府团体创建的医院,伍连德还参与了许多地方医院的创办。在东北建立的防疫体系中,他负责配套建立了7所医院:哈尔滨滨江防疫医院、满洲里医院、拉哈苏苏隔离医院、三姓防疫医院、大黑河医院、牛庄医院和齐齐哈尔医院。尤其值得一说的是齐齐哈尔医院。

齐齐哈尔是哈尔滨通向西伯利亚铁路上的重要一站,1911年东北鼠疫大流行时,东北当局就曾拨款45 000元在此建立防疫医院,并邀请伍连德负责该医院的筹建和设备的配置等工作。以上医院共筹集资金40万元,可

1912年滨江防疫医院设立的鼠疫病房

提供上千个床位。此外，在沿海地区，伍连德任海港检疫管理处处长时，为了满足海港检疫的需要，在上海吴淞建立了两所医院，在厦门、塘沽、汉口、秦皇岛等地也建立了检疫医院。

伍连德在1912年至1935年期间先后创建和参与建设的多所医院一览表

序号	医院名称（地区）		建设时间/年	病床数/张	备注
1	哈尔滨	滨江防疫医院	1912	500	东三省防疫事务总处
		博物馆、实验室、办公室	1920	—	东三省防疫事务总处
		综合医院	1922	45	东三省防疫事务总处
		血清研究室	1924	—	东三省防疫事务总处
		模范肺鼠疫病房	1926	15	东三省防疫事务总处
2	满洲里医院		1923	120	东三省防疫事务总处

续表

序号	医院名称（地区）		建设时间/年	病床数/张	备注
3	拉哈苏苏（同江）隔离医院		1913	42	东三省防疫事务总处
4	三姓防疫医院		1913	60	东三省防疫事务总处
5	大黑河医院		1914	70	东三省防疫事务总处
6	牛庄医院		1920	400	东三省防疫事务总处
7	齐齐哈尔医院		1912	60	黑龙江省
8	东北陆军医院		1922	400至500	东北军
9	北京中央医院		1918	150	财政、捐款
10	上海	吴淞第一医院	1934	60	海港检疫管理处
		吴淞第二医院	1935	60	海港检疫管理处
11	厦门	检疫医院	1934	120	海港检疫管理处
		办公室、检查室、实验室	1936	—	海港检疫管理处
12	塘沽检疫医院		1934	80	海港检疫管理处
13	武汉（汉阳）检疫医院		1935	60	海港检疫管理处
14	秦皇岛检疫医院		1935	45	海关出资
15	南京中央医院		1933	363	胡文虎资助

1922年，奉系军阀张作霖与直系军阀吴佩孚混战，战争造成了大量伤员，急需外科医生和医疗设备。张作霖和张学良决定在奉天建设一座

现代化陆军医院——东北陆军医院，用于治疗士兵和训练医官——战时可以疗治受伤士兵，平时可以为平民服务。为此，他们委托伍连德进行规划和组建东北陆军医院。医院可收容400至500名病人，设备都是最新式的，还配有铁路专运线和站台，以及在特定时间接运大量伤兵上下火车的设施。这所医院于1924年春天举行了盛大的开业庆典，成为当时中国最大、设备最好的军队医院。

南京中央医院是伍连德与时任卫生署署长的刘瑞恒用从南洋商人胡文虎那里筹得的35万元捐款，在原陆军医院的基础上改建成的一座现代化医院（现为东部战区总医院），于1933年建成。

1926年，霍乱在全国流行，伍连德领导的东三省防疫事务总处的医务人员又投入到了各地的防治工作中。伍连德深刻地感受到医护人员，特别是防疫、检疫人员数量严重不足，而东北，尤其是哈尔滨人口猛增，居民医疗与城市卫生工作都需要配有相应的医务人员，而当时本地只有少数的中医和外国医生，非常稀缺。

1920年滨江防疫医院建成的细菌检验室

1920年滨江防疫医院建成的研究室

1922年滨江防疫医院大门入口

| 10. 医疗先锋：构筑中国现代化医院、医学院 | 179

1920 年开业的牛庄医院正立面

牛庄医院病房

1912年即将竣工的拉哈苏医院

1913年伍连德（前排左）与三姓卫生医院医生合影

| 10. 医疗先锋：构筑中国现代化医院、医学院 | 181

1913 年改建后的三姓卫生医院

1914 年即将开业的大黑河医院

1923年满洲里医院

1926年，东三省防疫事务总处总医官林家瑞提议，利用事务总处与滨江防疫医院的人员和设备，自办医学学校培养医生，以适应社会需要。提议得到了伍连德的赞同。伍连德多方游说、筹资，最终取得了外交部和哈尔滨海关、银行、工商界的财政支持，经东省特别行政区长官公署批准，组成董事会。1926年，滨江医学专门学校（次年改称哈尔滨医学专门学校）于9月8日开学，首期招收新生60名，男女兼收，学制四年，伍连德任校长，林家瑞任教务长，邀聘防疫总处、铁路、海关及各大医院专家任教，以英语授课。学校聘请的教师多为留美、留英或留日归来的医学专家，还有三位德国专家和一位奥地利专家，部分教师来自北京协和医学院和上海医学院。该校为东三省培养了相当数量的具备现代专业训练的医生和防疫专家，极大地提升了当地医疗水平，改善了卫生环境。

滨江医学专门学校是我国东北地区最早由中国人自办的医学院，后来发展成为哈尔滨医科大学。多年来，哈尔滨医科大学一直传承伍连德"赤诚爱国，自强创业"的精神，坚持为国家、为社会、为人民服务，培养创新型医学人才，提供高质量的医疗卫生服务，取得了丰硕的科研成果。哈尔滨医科大学在办学方向、办学理念中贯穿了伍连德精神，致力于为国家培养更多像伍连德一样的医学人才。1998年，由32位专家向哈尔滨市政府联名提议，建立伍连德纪念馆。2008年，在哈尔滨医科大学创立82周年之

| 10. 医疗先锋：构筑中国现代化医院、医学院 | 183

滨江医学专门学校教务长
林家瑞

1925 年，伍连德在滨江防疫医院楼前。1926 年 9 月 8 日，伍连德创办"滨江医学专门学校"并担任首任校长，校址即设在医院内

际，伍连德纪念馆在东三省防疫事务总处原址正式开馆。

2015年12月24日，哈尔滨医科大学伍连德研究所成立仪式在哈尔滨举行，中国科学院院士高福担任伍连德研究所的所长，黑龙江省医学科学研究院副院长张凤民教授担任常务副所长。

除此之外，哈尔滨医科大学还设立院史馆，以展示伍连德校长的事迹，并在校内开设"伍连德书院""伍连德讲堂"等，作为传承伍连德精神的重要场所。为了全面地研究和传播伍连德的思想与事迹，哈尔滨医科大学还编辑了1500万字的《伍连德全集》。尽管伍连德已去世多年，但他的精神一直在哈尔滨医科大学中传承和发扬，这所学校在医学教育和研究方面取得了卓越成就，更是培养了一代又一代像伍连德一样具有爱国情怀和卓越才华的医学人才。

1936年，哈尔滨医学专门学校迁至南岗大直街25号。1938年1月1日，哈尔滨医学专门学校升格为哈尔滨医科大学

11.

海港检疫管理处：
守护国门与民众安全

　　自1907年归国后，伍连德凭借着求真务实的科学精神，精湛的医术和过人的胆识，很快就在中国乃至国际上获得了极高的荣誉和威望，被当政者多次许以高官，被邀请出任国家卫生系统的最高长官。第一次是清政府时期，肃亲王善耆打算重组卫生司，邀请伍连德出任卫生部门主管，负责管理全国的卫生和医院事务。第二次是1913年，袁世凯希望伍连德出任卫生司司长。然而，伍连德对做官毫无兴趣，一贯采取从医不当官的态度，专心于科研和防疫工作。第三次则是1927年南京国民政府成立后，蒋介石邀请伍连德出任国防部军医署署长。当时南京政府卫生系统归冯玉祥管辖，二十年来伍连德见过很多大人物，作为政治的局外人，他感觉蒋介石和冯玉祥不会和平共处，为了避免夹在中间奔命于政治斗争，伍连德与妻子黄淑琼商议过后依旧婉拒了这份任命，将精力都放在了医学事业上。

　　就这样连续三次推掉历届政府授予的最高医学长官任命的伍连德，在1930年，欣然接受并出任了由政府任命的全国海港检疫管理处处长这一职务。这个职务是伍连德唯一出任的官方正职，年逾50的他早就是中国医学界的泰斗级人物，有充分的资格做官，却为何对这样一个小小的处长如此看重？这与海港检疫处的设立有关，也与伍连德过去二十多年的一个梦想有关。1907年初次踏上祖国领土时，伍连德对口岸没有设置任何卫生检疫感到吃惊，也为口岸人员均为外国人而感到愤慨。从那时起，伍连德便将收回中国口岸检疫主权一事深藏心底。加之后来伍连德多次在防疫的过程中追溯源头，深感预防疫病需得加强对各口岸的管理，以防止疫菌输入，并一直强调，建立国境卫生检疫系统至关重要。

我国的海港检疫始于1873年，上海和厦门海关率先实行，当时主要是为了防止印度或东南亚流行的霍乱传入中国。但自鸦片战争后，我国海关主权被帝国主义控制，海港检疫权也同样被外国人把持，并由外籍医生担任检疫医官。这些外国人对海港检疫不重视，对传染病流入我国持漠不关心的态度，所采用的隔离方法也陈旧落后。当时的海港检疫没有明确的法规与制度，各个港口各行其是。以上海为例，有个名为"卫生处"的机构，由中国政府与各国驻沪领事团共同授权上海税务司管理，但其行动要征得各国驻沪领事团的同意，然而这些外国领事往往选择优先保护自己的商业贸易，而牺牲中国的防疫工作。

辛亥革命后，在爱国民主运动的推动下，以伍连德为首的爱国医学家多次向有关当局呼吁"自己办检疫"，并以东三省防疫事务总处下属陆路与海港检疫所的技术业务为基础，提出收回检疫主权，统一全国检疫事宜等主张。1923年前后，伍连德先后派邓松年、史纬华医生赴安东检疫所，派李大白医师赴满洲里检疫所，主持陆路国境检疫工作，这些均是伍连德为我国收回检疫权所做的铺垫。而收回海港检疫权，一方面是出于一个中国人的民族责任感，另一方面从卫生防疫角度出发，如果想达到及时控制传染病的目的，必须像建立起东三省防疫事务总处那样，建立起一个机构来统一负责各口岸的卫生检疫。

海港检疫关系着国家安危。1924年，泛太平洋食品保存会议在檀香山举行。会上，伍连德力陈海港检疫改革和重新组织国际预防医学部门的必要。两年后，在香港举办的博医会与中华医学会的联合会议上，伍连德再次倡导检疫主权应归属中国政府卫生部门，由中国人担任检疫医官，以确保国门安全，不可交外人随意处置。1929年12月，国际联盟（以下简称国联）卫生组织派代表团来华调查检疫情况，伍连德、金宝善、蔡鸿三位博士则代表国民政府负责陪同。伍连德等向国民政府提交了收回检疫主权的书面报告，经过交涉与该团达成协议。随后，国民政府委派伍连德负责相关事宜。

1930年7月1日，全国海港检疫管理处在上海外滩的海关大楼内挂牌成立，直属国民政府卫生部管辖，伍连德任处长，接管此前由外国控制的海港检疫机构。海港检疫主权从此收回中国人自己手中，伍连德的又一个梦想实现了。与此同时，鉴于上海为我国对外贸易枢纽及重要通商口岸，卫生部又成立了上海海港检疫所，伍连德兼任所长。

同月召开了中国第一届检验检疫会议，并根据1926年在巴黎签订的《国际卫生公约》，伍连德主持制定了中国自己的《卫生部海港检疫章

全国海港检疫管理处成员合影

程》，规范了中国海关检疫工作，使中国的海港检疫步入正轨。这份章程在世界各地的政府卫生部门广为流传，成为业界的标准和范本。海港检疫处还颁布了《海港检疫消毒蒸熏及征费规则》《海港检疫标式、旗帜及制服规定》《海港检疫所组织章程》《传染病预防条例》等。大会还决定，统一全国各地海关检疫部门的管理，自1931年1月1日起，收回或新建厦门、汕头、牛庄、汉口、安东、天津、大沽、秦皇岛和广州的检疫机构，并完善了实验室、医院等设施。全国海港检疫管理处下设总务科、医务科、蒸熏科和检疫科，伍连德兼任总务科科长，工作分工明确，有条不紊。海港检疫所开始运作后，有着强烈民族自尊心的伍连德，亲自为上海检疫所配备了六艘检疫工作船，并用民族英雄的名字为它们命名——"木兰""赵云""伍员""蔡锷""岳飞""张飞"。"木兰号"是蒸熏驳船，辅助船舶的蒸熏消毒；"伍员号"是汽艇；"岳飞号"则是一艘新式摩托快艇。这三艘服役于上海港。吴淞则由"赵云号""蔡锷号""张飞号"

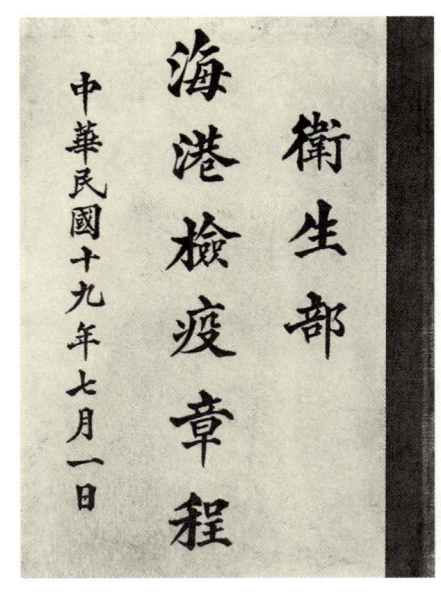

伍连德起草的《卫生部海港检疫章程》　　　伍连德提出的《收回海口检疫权提议》

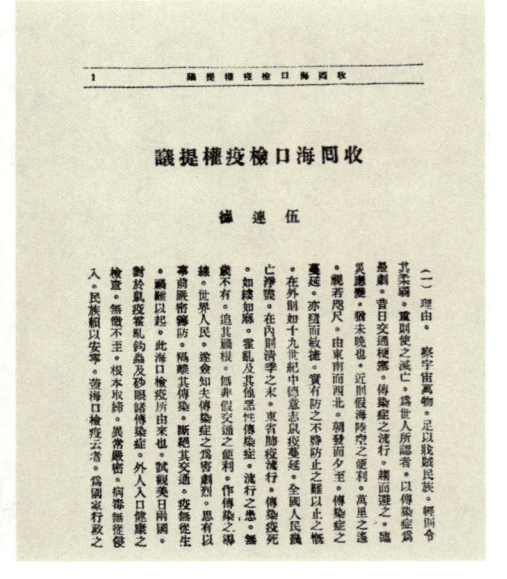

1935年建成的秦皇岛海港检疫医院

三员"猛将"驻守,随时待命。看得出,这些工作船的取名颇为用心,寓意用英雄的英魂守住中国的海港,也展示了海港检疫管理处驻守沿海,阻断疾病入侵的决心。

　　由于军阀混战,当时国民政府承诺给海港检疫处每年拨款3.6万元的经费从未到账。此外,原来由英国人领导的检疫处工作松散,财务亏损,还留下了2万元的外债。伍连德接手后,海港检疫工作开始有序进行,船舶熏蒸系统也顺利运转,每月可收费2万元,加上厦门和汕头的疫苗接种收入,原来"卫生处"的赤字问题,迎刃而解。不仅如此,靠着检疫收费,检疫处既维持了日常运转,还增加了人手,购置了新设备,陆续新增了四艘工作艇。在伍连德的主导下,中国海港检疫主权终于掌握在中国人自己的手中,解决了港务、警察兼办,系统混乱,条法不一等问题,高效地发挥了外防输入的职能,真正做到了检出者被治疗,也避免了疾病的输入。

1931年的汉口海关大楼：上图为楼上悬刻的石碑，下图为海关大楼外观。当时，我国在牛庄、安东、秦皇岛、大沽、塘沽、天津、烟台、青岛、汉口、上海、厦门、汕头、惠州、广州、琼州（今海南）均建立了海关检疫机构，中国的海港检疫主权已经掌握在中国人手中，形成了外防输入的防护链条（组图）

从1930年开始，伍连德便把主要心血倾注在上海——中国人收了关，还要守好关。从海港检疫处成立的那天起，伍连德便立下建立世界一流国境卫生检疫的雄心壮志。上海检疫所经营运转良好后，海港检疫处按照预定计划，于1931年开始陆续收回各个口岸的卫生检疫所，第二个被计划接收的是厦门港。接收厦门港后不久，厦门就出现了鼠疫流行，在东三省防疫事务总处的协助下，厦门检疫所圆满地控制了这场小型鼠疫流行。当年厦门还出现了严重的天花流行，也是由厦门检疫所对港口和城市进行了有效防疫，达到了建立卫生检疫系统的预期效果。随后的1931年4月，检疫处接收了汕头港。

1931年秋天，伍连德回到东北，对东三省防疫事务总处进行年度巡视，同时也按计划收回了牛庄和安东港。因"九一八"事变，安东港落入日本人手中，伍连德从哈尔滨赶到安东，于10月15日顺利从日本人手中接收了安东

1936年伍连德（前排中）与牛庄检疫所医生合影

口岸的卫生检疫权。在当地布置完工作后，伍连德计划乘坐南满铁路的火车从安东途经长春返回哈尔滨。"九一八"事变后，东三省一片动荡。伍连德以为，靠自己在东北二十年来的声望，以及从事的检疫防疫事业，应该不会有什么意外。就这样，他登上了从安东返程的列车，然而意外还是发生了。

11月16日，伍连德乘坐南满铁路列车返回，途经长春时被日本宪兵逮捕。十五年来，伍连德一直是南满铁路地区的贵宾，并持有免票乘车证。伍连德出示了证件，表示自己认识在东北地区的所有日本官员。然而，任凭他做任何解释说明，日本宪兵都不理会，并强行将他带下火车，押到日军司令部审讯。日本人不由分说地指认伍连德是在东北活动的间谍，要他

1936年建成的厦门海港检疫所

认罪。甚至从他在英国求学时的经历开始审讯，内容包括家庭、科学研究和社会交往，事无巨细，尤其是对他在东北这二十年的经历和防鼠疫研究的情况，反复询问核实。伍连德对此既奇怪又不满，可是人为刀俎，我为鱼肉，失去人身自由的他只能如实地一遍又一遍地回答。当天夜晚他被关进地牢，连床被子都没有，只能围上大衣席地而卧。

第二天清晨，他又被押送至沈阳，在接受了更高级别军官更加粗鲁蛮横的反复审问后，又被关入地牢，陪伴他的仍旧是那件大衣。伍连德回忆着这两天的审问过程，对自己的安危非常担心。他觉得此事绝对不是误会，因为在审讯中他发现，日军掌握了他的大量资料，不仅知晓他的背景信息和公开的经历，甚至提到了他曾在《中国评论》上多次用笔名发表对日本的批评。这件事知道的人很少，而且他的真实名字从未在刊物上出现过，这表示日本人已经注意他很久了，其中一定有阴谋。

幸运的是，第二天早上，伍连德通过地下室的气窗发现楼外有一个打水的工人，他拿出自己的名片和两日元，请工人马上送到英国驻沈阳领事馆，寻求救助。这名工人与多数在东北的中国人一样仇视日本人，他承诺一定会将消息送到。事实上，当时外界已经知道伍连德被日军扣押了。在去长春的列车上，一位澳大利亚的旅客见到日军上车抓捕了一位中国

路透社报道日军拘禁伍连德

人，听到他说自己是伍连德，便找到一位认识的英国记者说了此事。英国记者知晓后十分震惊，立刻发电报给伦敦，这个消息不久便登上了伦敦的报纸。

经英国驻奉天总领事伊斯特斯的营救，伍连德在被日本人关押三天两夜后，终于脱险。疲惫不堪的他走出了日本宪兵队的非法驻地，渡过了平生一场大难。伍连德对日军在东北的侵略无比愤慨。重获自由后，他明白自己再也不能回到日本人非法统治下的东北，再也不能重返哈尔滨主持防疫了，东三省防疫事务总处只好宣告解散。伍连德向营救自己的英国领事伊斯特斯当面道谢后，便乘火车前往大连，想乘船回到上海。抵达大连后，按照日本人的要求，伍连德面见了日本驻大连的领事。但他一刻也不愿意在日本人非法管辖的地方多待，便无视日本领事的解释，径直从大连登上南下上海的轮船，自此再也没有到过东北。至此，伍连德在东三省辛苦建设起来的防疫体系、防疫医院，当时世界上最先进的鼠疫和其他流行病防疫控制系统、最齐全的鼠疫样本库，悉数被日本军队非法劫收，伍连德二十年的心血毁于一旦。不仅如此，刚刚收回的安东、牛庄海关卫生检疫站也由日本人非法接管。而1931年11月，由于日本人制造的天津事变，也造成塘沽口岸卫生检疫权不能按期接收。

东三省防疫事务总处被日本人非法接收后，伍连德手下的精英们不甘当亡国奴或为日本人所用，纷纷逃离东北南下，最后重新聚集在伍连德领导的海港检疫处。除了此前早已参与检疫处创建的陈永汉等人，伯力士、林家瑞等也来到上海。正是这批伍连德培训出来的中国卫生防疫精英，在抗日战争中英勇对抗日军的细菌战，为中国立下了不朽的功绩。

东北沦陷后，中国的鼠疫防疫工作便侧重于长城沿线和沿海各口岸。没有了东北的防疫事务，伍连德便将全部的精力投入海港卫生检疫处的事务中，自此他常驻上海，专心于国境卫生检疫工作。中国国境卫生检疫系统的建设也得以迅速发展。伍连德深知在当时的国情下，要想搞好国境卫生检疫，必须与洋人合作，自上任全国海港检疫管理处处长之后，为了沟通各方关系，他每年举行一次年宴，宴请与海港检疫有关的外国人士，如外国驻华领事、专员、银行家、海关官吏、轮船职员等，并借年宴之机，感谢有关方面的配合与支持，同时向他们重申防疫的重要意义，并介绍我国海港检疫的工作情况。

第一次年宴于1930年12月9日举行，来宾有120人。1932年12月15日的第三次年宴，伍连德向来宾报告了全国海港关于鼠蚤的调查情况。他说，有一次，工作人员在691只老鼠身上捉到了3455个跳蚤。后来，在消毒船只时发现的2867只老鼠身上又找到不少跳蚤。虽然在这些活的或死的老鼠身上都没有发现病菌，但调查的结果仍需向日内瓦国际联盟卫生组织报告。这类调查也在厦门和汉口等地进行着。

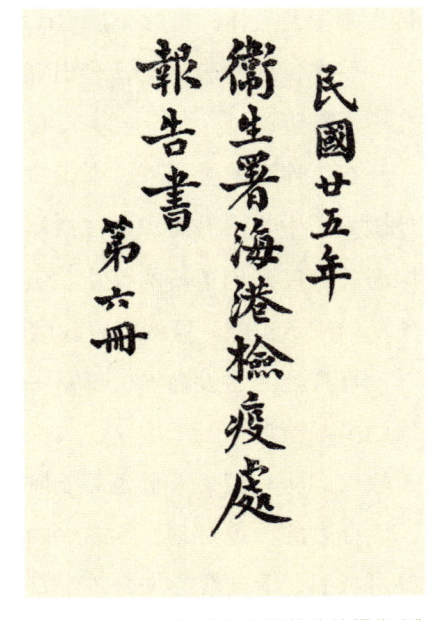

1936年出版的《卫生署海港检疫处报告书》第六册（中文版）

在伍连德的主持下，全国海港检疫管理处除了例行检疫工作，还组织人员进行霍乱、猩红热等传染病的防治及研究工作。如针对猩红热，伍连德曾做专门研究。他向全国各地发出调查信，根据反馈回来的资料，加以分析、归纳，总结出以下几点。

（一）猩红热在华南地区是几乎没有的，在上海与华中地区不是很严重，在华北地区则非常严重。

（二）在中国生活的西方人相比中国人似乎更易传染猩红热。

（三）患有猩红热的中国人会表现得严重的原因，大概是此病新近才传入中国，人体的自然免疫力尚未增强。

后来，他发表论文，指出猩红热是一种温带地区的疾病，在热带地区几乎没有听说过。

在伍连德的带领下，全国海港检疫管理处在成立后的几年里，陆续从外国人手中收回沿海和沿江口岸的检疫机构，统一号令，开展业务，为我国海关检疫开创了新的篇章。伍连德亲自制定全国检疫条例，并由国家卫生部门颁布实施，这标志着我国卫生检疫进入了新的阶段。

检疫处的建设当然也不是一帆风顺的。1932年淞沪抗战爆发，处于前线的吴淞检疫站毁于战火，口岸的检疫工作中断了一年之久。检疫设施毁于战火，所有相关人员也只能撤离。难道海港检疫处就要这样解散吗？在民族存亡的关键时刻，年逾50的伍连德斩钉截铁地号召大家组成救护队，投身抗战，上前线参加救护，众人都被他的热血振奋了。在淞沪抗战中，伍连德率领的检疫处医疗队奔波在战场，他们怀着拳拳爱国之心，冒着生命危险医治了两万多难民和几百名伤兵，伍连德和他的医疗团队用实际行动诠释了"赤诚爱国"的精神。

淞沪抗战刚刚结束，从抗日战场上归来的伍连德又遭遇了中国20世纪最大的霍乱流行。如果没有淞沪抗战，靠海港检疫处和上海检疫所，这场大霍乱是有可能被堵在国门之外的，起码可以减弱其流行程度。然而正是因为日本人在上海的肆意开战，才造成步入正轨的港口检疫全面瘫痪，使得霍乱趁虚而入。政府设立海港检疫处其实也有让伍连德坐镇上海，对付每隔几年就大流行一次的霍乱的考虑。此前，伍连德在哈尔滨于1919年、1926年两次主持霍乱防控工作，1926年更是协调部署了整个东北的霍乱防疫，并取得了瞩目成果，达到了世界先进水平。这一次，伍连德胸有成竹。

在卫生署署长刘瑞恒的召集下，公共租界、法租界和上海的卫生部门及检疫处达成共识，在海港检疫处总部成立中央防止霍乱临时事务所，由伍连德担任所长。在他的统筹指挥下，经过控制水源、广泛接种霍乱疫苗、大力宣传动员民众配合、积极收治病患等多项措施并行，1932年的上海霍乱，病人的死亡率只有7.4%。与以往霍乱流行，动辄数万病例相比，此次霍乱得到了非常好的控制。在没有进一步感染源散发的情况下，各省市的霍乱逐渐销声匿迹，伍连德再一次名扬天下。

在控制霍乱流行后，伍连德开始建立鼠蚤监测系统，并在全国范围内检测鼠疫的流行迹象。到了1934年，吴淞现代化检疫医院终于建成。1935年，鼠蚤监测不仅遍布各个口岸，也包括长江沿线，海港检疫也基本沿我国海岸线形成了一条防护链，国境检疫的力量逐年加强。1936年，广东检疫站也收回了，截至那时，海港检疫处已建立各个口岸的服务站、检疫医院和实验室共20多处，病床2387张，初步形成全国性检疫系统。1937年，国境卫生检疫前途原本一片光明，可就是在这一年，伍连德却经历了人生中最为悲恸的时刻。

12.

重返南洋：在马来亚的晚年时光

  伍连德平生建树颇多，他自己最为得意的就是抗击东北鼠疫和建立国境卫生检疫系统。上海的中央防止霍乱临时事务所与全国海港检疫管理处一样，是伍连德在20世纪30年代建立国境卫生检疫系统的突出成就。20世纪30年代，中国的江浙沪地区迅速地成为非常繁荣的地方，上海更是成为国际大都会。自1930年伍连德将生活与工作的中心移向上海后，便将后娶的平妻李淑贞及与其所生的孩子们安顿到上海。为了工作方便，他在环境较好的江湾购置了一块地，打算建一栋小楼供全家居住。这是一栋三层的西班牙式建筑，楼前有花园和纳凉的竹亭。房子离江湾文化中心不远，公共卫生局也在其附近。这栋伍氏私宅于1936年建成，伍连德全家都很满意，时不时便邀请朋友来家里聚会。生活美满，事业蒸蒸日上，在伍连德夜以继日的努力下，中国国境卫生检疫系统的建设迅速发展，还与国际联盟卫生部门建立了常态化合作，把中国的国境卫生检疫纳入了全球检疫系统。经历过1932年成功阻止霍乱大流行后，在伍连德的领导下，中央防止霍乱临时事务所的霍乱防疫工作已经处于世界领先水平。到了1937年，国境卫生检疫的前途看上去一片光明。

  在这一年，伍连德的长子伍长庚也成家了。1937年6月，在北京协和医学院礼堂，伍连德与妻子黄淑琼主持了长子伍长庚与许琇琳的婚礼，证婚人为燕京大学校长司徒雷登。

| 12. 重返南洋：在马来亚的晚年时光 | 199

伍连德和黄淑琼看到儿子成家立业感到无比欣慰，一家人的生活和事业似乎沿着美好的轨迹在运转。在婚礼的合影中，58岁的伍连德气宇轩昂，可他断不能想到，一系列的悲剧即将接踵而至。

1937年6月19日，伍长庚与许琇琳在协和医学院礼堂举行婚礼。从右至左依次为：伍连德、黄淑琼、司徒雷登（时任燕京大学校长）、新郎伍长庚、格兰瑟姆（英国女作家）、新娘许琇琳、新娘祖父许寿仁、新娘母亲陈淑瑜、新娘父亲许庆松

1937年7月7日，日军悍然发动卢沟桥事变，抗日战争全面爆发。8月，日军侵略上海。在八一三淞沪会战中，全国海港检疫管理处的财产被日寇劫掠一空，刚投入使用的现代化吴淞检疫医院化为一片废墟，各地检疫所的业务全面停顿。可以说，海港检疫处不复存在了，中央防止霍乱临时事务所也不存在了，伍连德几年的心血再一次毁在了日本人手里。而位于上海市江湾区的伍氏私宅也毁于日寇炮火中，所幸家人无恙。伍连德因为在印尼万隆参加会议，躲过一劫。待伍连德归来后，看着一片狼藉的家园，

特别是他的大量书籍、资料全部被毁,他痛心疾首,心中充满悲愤。

噩耗接踵而至,几个月后,伍连德聪慧美丽的爱妻黄淑琼因病在北京去世,未能完成她"四大美女小说"的最后一部——《貂蝉》,终年53岁。这一年,是伍连德和黄淑琼结婚三十二周年。三十二年相濡以沫,黄淑琼的去世对伍连德打击非常大,从现存照片可以看出,在此之前,尽管伍连德年近六旬,但依然显得很年轻,与中年人并无二致,尤其在其长子伍长庚结婚时的合影中,他看起来意气风发。可自从黄淑琼去世后,他仿佛一下子衰老了,感觉已入暮年,身体状况大不如前。三十年的事业让日本人一再毁灭,他奋斗拼搏的那股心气儿似乎也在消减。国已破,家被毁,爱人逝去,国破家亡,身心俱疲,更何况日本人占领上海,屠城南京,凭他反对日本军国主义的立场和表现,凶残的日本人也绝不会轻易放过他。

1936 年,伍连德在上海江湾的新宅落成,1937 年被日本人炸毁

此时，香港的朋友因有防疫工作需要而召唤他。伍连德思考良久，中国是他的祖国，而马来亚是他的故乡，也许是时候退隐，回到故乡和亲人的身边了。伍连德带领全家暂去香港避难，而后应亲属之邀南还故乡马来亚槟榔屿。当时和他一样选择离开的人不在少数。他的好友林文庆在1937年辞去厦门大学校长的职务，返回新加坡居住。侄子伍长耀也于1938年离开中国去了美国。当然，还有更多的人选择留下，继续服务于中国的抗战。例如陈永汉、林家瑞这些追随伍连德几十年的精英，还有林可胜、伯力士这些外籍友人，在细菌战和历次会战的后勤保障中，他们勇敢地承担起战场救护重任。伍连德虽远在南洋，但他培养起来的中国防疫队伍勇敢地站了起来，为中华民族奋战。

伍连德虽然有举世闻名的荣誉，但这次回乡避难时家财损失严重。他将全家行李、书籍收藏打包了三十几个箱子，交给轮船公司托运，但这批

1937年，伍连德（右一）赴香港时在轮船上与送行朋友合影

行李竟然不翼而飞，怎样查找也毫无下落，这其中尤为可惜的是那些他多年收集的珍贵医学古籍。伍连德虽然积累了一些财产，但几乎已全部用于北京和上海的家宅建造，而且为建设医院、医学组织，支持医史研究和艺术公益活动，他多次慷慨解囊。回到家乡的他可谓囊中羞涩，伍连德决定，重新开业行医。亲属的陪伴和相对和平的环境，让伍连德感受到久违的亲情和平静。休整了一段时间后，伍连德的诊所于1938年在马来亚怡保市开业。与三十年前一样，伍连德兢兢业业，每天从早到晚接待病人，周末也常常出诊。他医术高明，对待病人亲和友善，遇到穷苦的病人还经常免费接治，加上他名医的荣誉，各地前来就医的病人络绎不绝。忙碌的行医生活，让伍连德从丧妻和事业毁灭的阴影中走了出来，重新找到了寄托。1938年到1941年这段时光，是伍连德最为平静的日子。他像一位隐士一般，在怡保市享受着忙碌而平静的晚年生活。这期间他仍心系祖国，尽自己所能地支持中国的卫生事业。1940年，在中国抗战最艰苦的时期，中华医学会在昆明召开了第十三次代表大会。听闻学会经费困难，伍连德立刻自马来亚邮寄200元支持大会筹备，随后又分次寄来1.2万元以支持学会活动。

平静的日子很快又被战火打破，珍珠港事件后，日军很快南下，势如破竹，击溃英军，占领了南洋。马来亚的当地居民曾一度对日本发达的军事及工业实力推崇备至：当日俄战争中日本取得胜利后，马来亚举行过规模不小的游行，庆祝东方人第一次战胜了西方人；1923年日本大地震，马来亚人民自发捐赠了巨额钱财和大批用品帮助日本灾后重建。当日本人赶走了英国人，马来亚人民以为将会迎来亚洲人的自由，但他们错了，比起西方殖民者，日本人有过之而无不及。伍连德深知日本人的残暴，可这里是自己的故乡，这一次真是退无可退了，他选择留下与父老乡亲们共患难。眼看怡保有一场恶战，伍连德只得带着一家大小到吉隆坡避难。

战火平息后，1942年2月，伍连德从吉隆坡的临时避难所返回怡保的家，却发现自己温馨的住宅再一次被日本人的战火摧毁，房子一片残破。为了不让家人风餐露宿，伍连德顾不上伤心愤慨和年迈体弱，亲自动手，勉强修补好了墙壁和屋顶。可沉重的打击似乎无止境一般。这一年，伍连德的长子伍长庚在防治北平霍乱时不幸感染肺结核病故，留下遗孀及两个孩子。伍连德再一次伤心欲绝。就这样，伍连德再次开启了人生黑暗的岁月。

日本在马来亚实行非常严格的殖民统治，横征暴敛，枪杀无辜，不容许当地人有一丝一毫的反抗，尤其会对当地的头面人物或社区领袖加以严格监控。伍连德及生活在怡保的其他华人一样，经常受到侵略者的侮辱。他已经记不得多少次被骚扰、盘问、监视了，但因为曾被授予东京帝国大学的高级学位，又是一位名医，加上在银行和司法联谊会中还有点关系，与本地日本商人关系还不错，多少能得到一些尊重，伍连德才得以保持私人医生的身份而在日本人的统治下勉力生活。日本占领者中的头面人物也频频向伍连德示好，试图建立友谊，或者说控制他这样的领袖人物以协助日本人在马来亚的统治。对此，伍连德一律敬而远之，以老迈为由谢绝一切事务，专心行医。可就算这样小心翼翼，伍连德还是躲不开灾难。

1943年7月的一天，一个穿着讲究的人急急忙忙来到伍连德的诊所，请他马上前去距城中心4英里[①]的镇子为发热病人出诊。伍连德放下手中事情，按照他的指引出了城。走到半路，那人便要求伍连德停车，伍连德双手拿着出诊包和灭菌注射器具跟着他步行进入橡胶树林中，却被四个持手枪的年轻人围住，并被命令随他们进入丛林。伍连德意识到自己被绑架了。在长途跋涉一小时后，他们来到一处隐蔽的地点，武装分子将他监禁在此。傍晚时他们只给了伍连德简单的饭菜，之后命令他躺在一张简陋的木板床上，两个看守则手持步枪，一直看管着他。大约晚间10点，来了一群年轻人，伍连德被命令起床，看到来人中有个从前的病人——几个月前

---

① 1英里 ≈ 1609.34米。——编者注

他患恶性疟疾，是伍连德救了他的命。这群人的头儿是个高大的客家人，说话时手里摆弄着手枪以达到恐吓震慑的目的。这个头领说，因为他们资金紧张，要伍连德向他们捐赠15 000元现金。伍连德表示家里没有这么多钱，绑架者便让伍连德给妻子李淑贞写信，令她出售或抵押珠宝首饰筹钱。伍连德苦笑，自己逃难回乡，家财尽失，因战火被毁坏的房屋才刚刚修缮好，还要养家糊口，一家七口可以说很不宽裕，哪儿还有钱给妻子添置首饰呢？伍连德表示，自己勉强可以筹到5000元赎金，绑架者却冰冷地回应，如果那样伍连德就别想走出这片橡胶林。经过一番讨价还价，最终双方同意赎金为7000元。

伍连德给妻子写了求救信，要她在第二天早晨筹到这一大笔现金。之后，绑架者命令伍连德回到床上。那时的伍连德已经超过60岁了，只着单衣。所幸的是，即使在丛林深处，夜晚也相当温暖，但在成群蚊虫的叮咬下，人根本无法入睡，伍连德只好在又惊又恐中等候天明。清晨，看守把伍连德叫起来转移到另外一个地方。大约9点钟，送信的人回来了，说伍太太同意交赎金。10点，伍太太拿着钱到了，交出7000元赎金后，伍连德终于恢复了自由。幸好李淑贞持家有方，在家里藏着一大笔应急用的钱，否则后果不堪设想。

劫后余生没出两个月，伍连德的诊所突然闯入两名日本士兵，命令伍连德夫妇即刻去见宪兵司令部的首长。不知发生何事的二人不安地被驱赶到宪兵队占据的本地富豪的庄园，被勒令并排肃立在军官面前。这位军官说已经得到重要情报，指控伍连德夫妇加入了抵抗组织，并且捐献了7000元巨款作为赞助。伍连德一口否认。然而，这个军官并不相信他们，凶神恶煞般地威胁伍连德说出实情，否则就让他们吃尽苦头，随后就命令一个以逼供手段残酷而臭名昭著的军曹继续审问他们。伍连德夫妇被带到该警官的办公室准备接受拷问。万幸的是，这位日本军曹过去一年来曾多次到诊所看病，伍连德治好了他和他情妇的病，他很满意伍连德的医术，因此没有过多难为他们。但他告诉伍连德，他是仇日粤人名单上的第一位，这次如果被发现有问题，恐怕凶多吉少。伍连德将自己几个月前如何被绑架，被迫支付赎金7000元的事原原本本地说了出来，被分开审讯的夫人也和伍连德的说法毫无出入，加之日本人对伍连德的诊所和住所进行了几次搜查，没有发现任何证据。尽管日本人疑心重重，但伍连德确实和抵抗力量没有任何瓜葛。这位日本警官认为伍连德夫妇的话是真的，便将调查结果上报。他还训斥伍连德，今后这样的大事不能隐瞒，要立刻报告日本当局，以便他们能立即前去抓捕绑架者。这次事件之后，日本人加强了对伍连德的监视，不过万幸，伍连德和妻子没有经受任何折磨就得以回家。

随着战局变化，日本战败的迹象越来越明显，终于在1945年，日本投降，马来亚历史上黑暗的一页终于翻过去了。战地人民再也不用每天在固定时间到固定地点听从日本人的训话，面向东京方向鞠躬；再也不用经过日本哨所时向日本军人鞠躬，否则就要挨耳光或者挨枪托子。战争结束后，伍连德没有急着回到中国，而是选择继续留在马来亚行医。他的决定并非出于对轻松生活的选择，而是出于对家乡的热爱和对重建的期望。一则，他的家乡刚刚从日本人的统治中解脱出来，百废待兴，他希望为家乡的重建贡献自己的力量。二则，这些年的战争和压迫让他经济拮据，他需要通过行医来逐渐积累回中国的路费。直到1947年，伍连德才有了足够的积蓄，带着妻子李淑贞回到阔别十年的中国。重回故国，伍连德在上海、厦门、北京等地故地重游，见到许多劫后余生的老朋友和昔日旧部，他们迫切希望伍连德能回来重新主持中国的防疫大局，然而当时刚结束抗日战争的中国又陷入了内战之中，就连伍连德想重返暌违十六年之久的东北，去看看那块他感情深厚的土地，也因为战事不得不放弃访问计划。眼见国民党日益腐败，自己年事已高，伍连德深感难有作为。这次中国之行结束后，伍连德谢绝了有关方面希望他出任要职的建议，再度告别中国，返回马来亚继续行医。

1947年5月，伍连德（右三）时隔整整十年后回国，访问吴淞检疫医院

1947年，伍连德（居中）回国与昔日同事，林家瑞（右一）和陈永汉（右三）等合影

晚年的伍连德有多次机会进入政界，但奔波奋斗了三十年的他希望能含饴弄孙、颐养天年，他既没有接受中国的出任邀请，也没有接受马来亚政府的出任邀约。1945年第二次世界大战结束后，爱德华·金特总督派人询问伍连德，是否愿意参加吉隆坡联盟议会。后来在1954年，英属马来亚首席部长东姑阿都拉曼和陈祯禄爵士在怡保举行的一次宴会上，也劝说伍连德出任政府官员。但伍连德认为，自己已进入需要安静休息的年龄，宦海沉浮，会使人大伤脑筋。他以年迈为由，一一谢绝，始终不愿卷入政治。

但伍连德对社会的改革和进步非常关心。他发现当时的马来亚、新加坡和印度尼西亚的医学观念比较落后，医疗水平低下。因为英国殖民地有一项传统的制度，即只要不反对殖民统治，他们就不干涉殖民地居民的宗教与医药自由，所以庸医比比皆是。这些庸医中有华人、马来人、印度人、巴基斯坦人等。他们凭借伶俐的口才，骗取病人的信任，接受他们的

1954年，马来亚政治领袖东姑阿都拉曼（左）和陈祯禄（右）访问怡保，伍连德（中）主持欢迎宴会

治疗，结果病人既损失了金钱，又伤害了身体，最终的结果就是老百姓遭殃。伍连德目睹这一情形，作为医生的社会责任感油然而生，便开始撰写文章，发表演讲，向大众宣传科学。

1948年，他在《马来亚医学杂志》上发表一篇文章，题为《马来亚社会医学展望》。在这篇文章中，伍连德预言："将来穷苦人民也可像富有和受过良好教育的人民一样，受到照顾。医院和卫生中心里的医生，一定很多——大概二千人中便有一位医生。他们都勤于医治病人，钻研学术，善于管理实验室及施行外科手术。医药将惠及大众，不再是少数人的特权。此外，这些医生还设立了流动诊所，里面装备附有显微镜的实验室，他们前往各处乡村，为人民诊病，同时也致力防患工作，而人民不必花费分文。数年之后，乡民的健康必大为增进，而庸医便不再有勒索之机会，甚至会被迫停业。"

在怡保市斯里并巷93号开诊所的伍连德，二十年来每天不断地在那里营业，医治好了无数病人。他如普通老人一般，时常悠闲地在街头漫步，用广东话劝告小贩们不要吸烟喝酒，多运动，甚至当街免费开药方。可是谁知道，这个平凡的老医生曾经闻名世界，曾经因为他一个人的成绩让他的祖国获得了前所未有的荣誉。伍连德虽然已经因年迈而驼背了，但他曾经顶天立地地站着，是一个伟大国家现代化的先锋和旗手，曾经只手撑起中国北境的天空，拯救了千百万人的性命。而现在，他就这样做着一名扫地僧，视名利如浮云，身藏功与名，默默地造福家乡。

服务祖国近三十年，伍连德业绩斐然。晚年，他依然眷恋着为之奋斗一生的祖国。重返马来亚之后，他利用行医之暇，从1950年开始，花了七年时间，写成一部50万字的英文自传，1959年由剑桥Heffer and sons公司出版，书名为《鼠疫斗士——一个现代华人医生的自传》。他在《自传》序言中流露出对祖国的怀念之情："我曾将我的大半生奉献给古老的中国，从清末到民国，直到国民党统治崩溃。在我脑海中，往事记忆犹新。"他坚

伍连德最后留影之一，1960 年摄于马来亚槟城

信:"新中国的成立,将使这个伟大的国家永远幸福繁荣。"

1959年,年满80岁的伍连德决定正式退休,在家乡槟榔屿买下了邹新庆路39号的房子,这位一辈子波澜壮阔、跌宕起伏的老人终于可以安度晚年了。1960年1月21日,伍连德在家中突发脑中风,走完了他光辉传奇的一生,享年81岁。家人们按照他的生前意愿,遗体火化后被安葬于槟城,他的骨灰现存放于马来西亚槟城的"百年适成亭"。伍连德的母校大英义学为了纪念缅怀这位卓越的校友,组织学校的童子军护送他的灵柩前往殡仪馆。伍连德生前赢得了世人的敬仰和声誉,他去世后,从海内到海外,从医学界到社会各界,人们纷纷纪念这位伟大的医学家。媒体发表纪念文章,对他的一生给予高度评价,当时的众多名人也对伍连德的逝世表示缅怀。

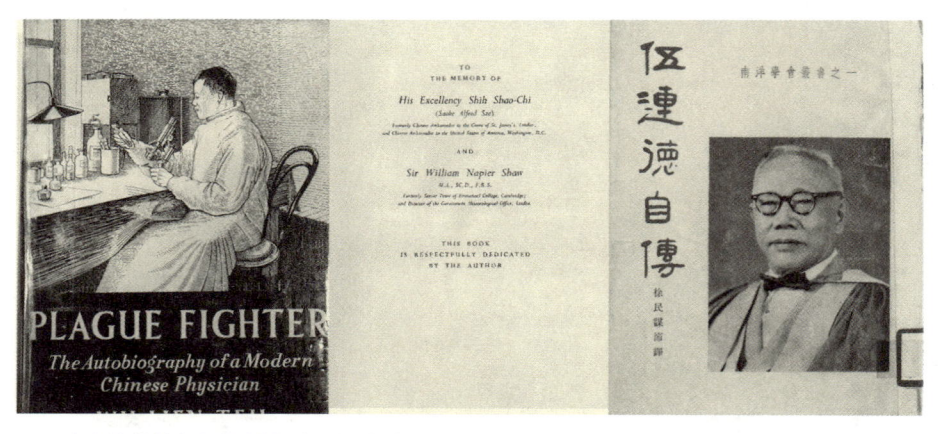

1959年伍连德英文自传出版,耗时七年完成。1960年徐民谋节译伍连德英文自传

1960 年 1 月 25 日，母校大英义学的童子军护送伍连德灵柩前往殡仪馆（组图）

13.

引领世界舞台：公益为怀的学问家

  伍连德作为中国公共卫生界的翘楚，以其丰富的实践经验和开创性的研究成果，在国际卫生治理合作领域享誉世界。他不仅是中国的卫生防疫专家，而且是一位不辞辛劳的医学交流使者。向内，他深入研究，全面掌握国内卫生防疫工作的进展；向外，他积极开放，密切关注国际动向，一直活跃在国际舞台。他一生访问了欧洲、美洲、亚洲近20个国家，多次代表中国出席国际学术会议，在国际学术舞台展现风采，不断为中国发声。他的开放心态和国际视野，使他能够从全球的高度看待公共卫生问题，中国与国际联盟卫生组织也因他而紧密相连。

  1911年4月，在奉天召开的万国鼠疫研究会上伍连德担任会议主席。因成功抗击东北鼠疫大流行，他一战成名，跻身国际一流卫生防疫专家行列。

  1911—1913年，伍连德代表中国政府先后出席在海牙召开的第一、第二次国际鸦片会议。

  1913年8月，伍连德出席伦敦医学会议。

  1913年，伍连德参加美国布法罗国际学校卫生会议。

  1916年，在上海召开的国际医学联合会的第三届会议上，伍连德当选为主席，并连任两届至1920年。

  1923年，伍连德参加在新加坡召开的远东热带医学协会第五次会议。同年，他作为中国第一位访日的交流教授，到九州、京都、东京各

| 13. 引领世界舞台：公益为怀的学问家 | 213

1923年伍连德（左）和北里柴三郎在鹿儿岛会议合影

大学讲学。

1924年，伍连德参加在檀香山召开的泛太平洋食品保存会议。

1925年，国联卫生组织在新加坡正式成立东方疫情局，伍连德代表中国政府参加了东方疫情局第一次会议。同年国联卫生组织的赖赫曼博士访问中国，特地到满洲里和哈尔滨考察了伍连德领导建设的防疫医院，推进了中国与国联卫生组织的密切合作。这一年，伍连德赴日本东京参加远东热带医学协会第六次会议。在这次大会上，他针对东道主发表了著名的禁毒檄文，迫使日本代表在大多数国家代表面前投了极不光彩的弃权票。

1926年，伍连德的专著《肺鼠疫论述》得到了国联卫生组织的高度评价，并由该组织在日内瓦出版发行。

1927年3月，伍连德应国联卫生组织邀请视察欧洲12个国家的卫生机构和研究所。国联卫生组织聘伍连德为鼠疫专家及该局中国委员，并授予其"鼠疫专家"称号。5月，伍连德参加檀香山泛太平洋外科学会议。12月，伍连德代表中国出席国联在印度加尔各答召开的远东热带医学协会第

1923年10月13日至14日，伍连德（前排右一）应日本九州医学大会邀请前往鹿儿岛参加大会

七次会议，被选为副主席，并参加了国联远东防疫局咨询理事会年会。

1929年，国联卫生组织任命伍连德为东方疫情局主席。同年中国政府任命伍连德为团长率卫生检疫代表团前往美国纽约。

1930年到1931年间，国联卫生组织又派遣多名专家访华，对改善中国公共卫生现状提出了非常好的建议。其中，要求中国设立海港检疫机构的建议，直接推动了全国海港检疫管理处的设立。

1931年5月，伍连德代表卫生署署长刘瑞恒出席日内瓦国际联盟卫生会议。在会议上，他郑重通报了我国的三年卫生计划，获得好评。正因为伍连德与国联卫生组织交流密切，"九一八"事变后，伍连德在安东巡视防疫工作时被日本人诬陷为国联的间谍而被秘密逮捕，随后又被英国领事馆成功营救。

1933年11月，海港检疫处举行第四次年庆，伍连德特地将国联卫生组织的赖赫曼作为贵宾邀请来参加宴会，感谢他多年来对海港检疫处的帮助。卫生署署长刘瑞恒宣布，赖赫曼已被任命为国联理事会驻中国政府经济委员会的技术代表。

1934年，伍连德参加在南京召开的远东热带医学协会第九次会议。

1935年，伍连德因从事肺鼠疫研究工作，特别是发现了旱獭在其中的传播作用，被推荐为诺贝尔生理学或医学奖候选人。在伍连德的诺贝尔奖候选人相关资料中，国籍一栏写着"China"。他是第一个被诺贝尔奖提名的中国人。

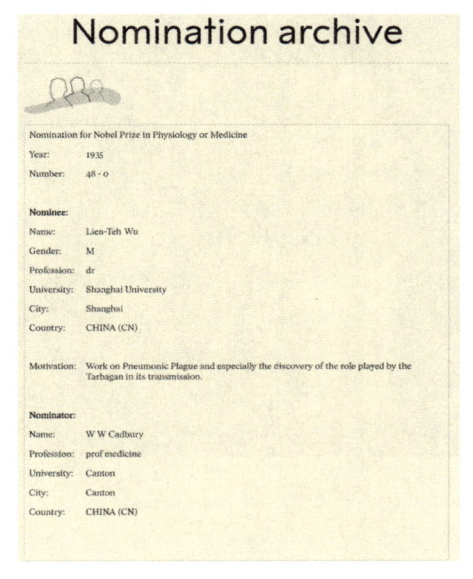

1935年伍连德被提名为诺贝尔生理学或医学奖候选人

1925年远东热带医学协会第六次会议在日本东京召开，伍连德（前排左一）与参会代表合影

1929年泛太平洋外科学会议中国代表团与会议主席福特（左三）合影。中国代表团，右一为伍连德，右二为蔡鸿，右三为颜福庆

1934年远东热带医学协会第九次大会与会者在南京六华春宴会后合影,前排坐地者右九为伍连德

伍连德(右一)与国外学者合影

1937年,伍连德出席在印度尼西亚万隆召开的远东国家政府间农村卫生会议。

伍连德将他宝贵的年华,三十载光阴,毫无保留地献给了中国。他不仅是英国剑桥大学的首位华人博士,更是一位矢志报国的赤子。在中国的土地上,他不仅成功地遏制了东北地区的大规模鼠疫,构筑起坚实的防疫体系,而且代表中国在国际舞台上与世界各国进行了平等交流。他不仅创建了众多现代医疗机构，为病患提供温暖的庇护所，还积极推动了医学院校和学会组织的建立和运作，为中国近现代医学事业的发展奠定了坚实的基础。作为中国公共卫生事业的杰出代表，伍连德有着卓越的领导才能和深厚的学术造诣，曾发表学术论文100多篇、专著多部，论及公共卫生、传染病、流行病、医学教育、医药管理、海港检疫、中西医、医学史、毒麻药品等诸多领域。此外，他深入基层，全面掌握国内防疫工作的进展，为中国公共卫生事业的稳步发展保驾护航。他的贡献不仅在于个人的成就，更在于他所引领的时代潮流和开创的崭新篇章。

作为一位杰出的学问家，伍连德除了在医学领域取得了卓越成就，更是一位热心公益、关爱社会的杰出人士。他一生致力于公共卫生事业，通过自己的努力，为改善人们的健康状况和社会福祉做出了重要贡献。

伍连德积极参与各类公益活动，推动旧习的破除，推行火葬。在20世纪上半叶，尤其是链霉素问世前，几乎没有根治传染病的药物，人们患传染病后只能依靠加强营养，增强体质，促进自愈，因此对待传染病，预防、切断传染源，就显得更加重要。病人遗体是最大的传播源头之一。经过1910年至1911年东北鼠疫大流行的试验，以及此后多次防疫工作的总结，伍连德发现，火葬是最经济、最卫生、最美化的安葬方式，尤其对传染性疾病来说，更有防疫上的意义。1936年，他报请上海市政府，建议修建上海火葬场。他的建议得到政府的大力支持，批准筹建一座占地7英亩[①]的火葬场。他们积极筹款，用募来的4万元作为地基之资，准备修建。不料，第二年日本进攻上海，所有工作均告停止。此外，伍连德还关注到人民的日常生活习惯。比如中式就餐习惯是喜欢围桌聚餐，尤其在传染病流行时期，这样存在交叉感染的风险，鼠疫、肝炎、肺结核等都会通过病人的筷子传染给同桌吃饭的其他人。为此，伍连德提出了使用公筷公勺和

---

① 1英亩 ≈ 4046.86平方米。——编者注

分餐制。1915年，在《中华医学杂志》的第一期中，他又提出了"卫生餐法"，即使用一种旋转餐台，还给出了旋转餐台的图纸——每个餐桌中间安装一个铁轴，上面再加一个圆盘。用旋转餐台配合公勺公筷，便于卫生餐法的推广。这也是我们今时今日提倡的公筷的源头。

伍连德知恩图报，崇尚学术，为了推动医疗机构与制度的建设，他对各种医学机构、医学人士慷慨解囊，积极提供各种捐赠帮助。他一生热爱书籍，除中国医学史和防疫问题的专门著作外，受好友程璧光收藏爱好的影响，他也搜集了大量哲学、历史、文化、艺术方面的名著和古董。1937年下半年他离开中国，重返马来亚时，30多箱书籍古董不幸全部遗失。但重返马来亚后，伍连德阅读和收藏的习惯并没有改变，经过二十年的辛勤搜集，他的书房又有了2000多册藏书。伍连德爱好收藏也乐于分享，他在家乡花了三年时间积极筹建霹雳州图书馆，建成后对公众免费开放。1950年，中华医学会总部由上海迁往北京时，他主动将自己位于东城区东堂子胡同55号的住宅捐献出来，希望作为中华医学会的办公场所。1957年，他将收集的2000多卷有关中国、印度和欧洲的艺术、科学和历史方面的书籍捐赠给南洋大学（1980年，南洋大学与新加坡大学合并为新加坡国立大学）。他还将自己的论文和鼠疫样品，捐献给香港大学，将部分中国古代书画收藏捐献给马来亚大学艺术博物馆。伍连德曾受过英国剑桥大学及玛丽医院的资助，所以当皇家亚洲文会要在上海建会所的时候，他很慷慨地自发捐助3000英镑，约占全部建筑费用的三分之一。在得知自己的校友、师从霍普金斯教授的李约瑟，在出版《中国科学技术史》时遇到资金困难，伍连德主动说服新加坡首富李光前，由李氏基金会资助了《中国科学技术史》前四卷的出版发行，这部巨著因此得以面世。在本书第四卷第一分册《物理学》序言中，作者李约瑟对于伍连德为科学史编撰筹措资金等致以敬意。

尽管伍连德在许多领域都取得了辉煌的成就，但他的一生有一个最大

《中国科学技术史》及其作者李约瑟

1950年10月11日,伍连德(前排中间)在怡保霹雳州公共图书馆奠基仪式上留影

的敌人——鸦片，他毕生与之搏斗。

葡萄牙人最早将鸦片引入中国，开启了这一毒物的传播。随后英国人也加入其中，从零星的试探到有计划地大规模输入，鸦片逐渐在中国泛滥成灾。到了18世纪末19世纪初，英国东印度公司利用其强大的势力，大规模地贩卖鸦片，使得鸦片在中国市场如洪水猛兽般泛滥。这种毒物价格昂贵，只有富人才有财力吸食。然而，随着时间的推移，商人、读书人、政府官员等中上层阶级也纷纷加入吸食鸦片的行列。在北京，这个古老的都城，太监和宫女们也纷纷沉溺于烟枪之中。这种毒害已经深入到社会的各个阶层，不论贫富，都无法抵挡其诱惑。

长期吸食鸦片导致人们的身体变得羸弱不堪，骨瘦如柴，丧失了劳动能力。同时，为了购买昂贵的鸦片，人们不惜花费巨资，导致大量家庭破产。许多吸食者因贫困和疾病而死亡，他们的家庭也因此遭受了巨大的痛苦和损失。对国家而言，鸦片泛滥导致国库空虚，国家财政收入大幅减少。政府无法提供足够的资金来支持国防、教育、医疗等领域的建设和发展。由此，国家的实力和地位逐渐被削弱，为外敌入侵提供了可乘之机。对百姓而言，吸食鸦片不仅使他们身体上受到了毒害，经济上也遭受了巨大的损失——许多人因吸食鸦片而丧失了劳动能力，无法为家庭创造收入。同时，许多人为了购买鸦片而不惜卖儿卖女，导致家庭破碎，陷入贫困。

伍连德对鸦片的危害深恶痛绝。因此，他早年在南洋时，就积极参与禁烟运动，呼吁人们远离这种致命诱惑，甚至因此遭到鸦片既得利益者的陷害和打压。在回到祖国后，他并没有停止对禁烟事业的追求。他知道，要想真正实现禁烟目标，就需要更多的努力和策略。于是，他决定利用自己的医学知识和国际影响力，推动更多力量加入禁烟行列。1911年至1913年，伍连德受邀出席了在荷兰海牙召开的第一、第二次鸦片会议。这是两次重要的国际集会，旨在讨论和制定禁烟的国际法规。

在会议中，伍连德结识了英国人伍德海，两人因为共同的信念和对鸦片的深恶痛绝而结缘。伍德海是一位富有正义感的媒体人，曾在奉天万国鼠疫研究会担任秘书和速记员。他见证了鸦片对人们的摧残及对社会的破坏。海牙鸦片会议后，他出任天津《京津泰晤士报》总主笔，决心通过自己的媒体平台，揭露鸦片的丑陋面目，唤起更多人对禁烟的关注和行动。伍连德和伍德海不谋而合，他们互相支持，共同致力于禁烟事业。伍德海在《京津泰晤士报》上刊登了许多关于鸦片的文章，揭露了吸食鸦片者的丑态和毒品的危害。伍德海还为伍连德提供了许多关于鸦片的信息和资料，帮助他更好地研究和宣传禁烟。伍连德不仅在医学界发表了许多关于鸦片的论文和研究报告，还通过演讲、报纸和杂志等多种渠道向公众宣传禁烟的重要性。1931年，伍连德在上海《中国国民》周刊上，发表了一篇反对鸦片的文章。文章说，今日在学校里，教师竭力宣传鸦片之害，而政府却为筹军饷而在毒品上征税，不以为耻。并尖锐地指出：此祸不除，国将无存。他的文章和研究成果也得到了广泛的传播和认可，为推动禁烟事业的发展做出了重要贡献。

我国政府对鸦片的态度一直是坚决明确的。早在清道光年间，政府就颁布了禁烟令，显示了国家对禁烟的决心。1839年，钦差大臣林则徐在广东主持了著名的"虎门销烟"，这一行动展现了中国政府对禁烟的坚定立场。到了辛亥革命后，民国政府对禁烟采取了严厉措施，制定了多条法律，要求人民严格遵守。有些省份甚至对吸食鸦片的人处以死刑，以示严惩。然而，好景不长，随着1917年南北军阀混战的爆发，军阀们为了筹集军饷，竟然大开其禁，允许种植罂粟和贩卖鸦片，从中抽税来满足军需。这种倒行逆施的行为，引起了社会各界的强烈反对和抨击。此时，伍连德博士挺身而出，他不仅在医学界发表多篇论文揭示鸦片的危害，还多次在公开场合发表演讲，呼吁人们远离鸦片。1919年，伍连德受时任总统徐世昌的派遣，前往上海查禁烟土。他亲眼见证了大量烟土被囤积的情况，于是下令焚毁了1200箱烟土。这一行动不仅是对英国等鸦片贩卖国的有力回击，更是用实际行动向全国人民表明了政府禁烟的决心。《中华医学杂志》详细记录了这一事件："上海海关存土1200箱……自英国运土入华，吾华民之受烟毒者，何可胜计。近年来禁烟政策，类皆阳奉阴违……此次大批焚毁，不仅对于友邦表示真挚之心，且警醒吾民于优游之梦。本会会长伍连德博士代表外交部于1月初旬到上海验查存土，并监视焚毁。计每箱装土40枚，每枚值银500元以上，故每箱计值2万元以上，而1200箱，约值2400万元……倘不焚毁，其流毒之巨，可限量乎！"

伍连德返回家乡槟榔屿后，发现当地的毒品问题仍然十分猖獗，这让他深感忧虑，以为这辈子都看不到战胜毒品的一天了。然而，随着中华人民共和国的成立以及禁毒工作的不断推进，他也看到了希望和未来。伍连德相信，在中国共产党的领导下，禁烟事业一定能够取得更大的胜利。现在，他毕生为之奋斗的事业，终于在今日中国成为现实。

14.

家庭与亲情的纽带：
家庭故事与情感世界

在历史的洪流中，有许多伟大的人物留下了不朽的印记。然而，在这些英雄背后，总有一群默默奉献、支持他们的人，那就是他们的家人。亲情纽带也塑造了他们的世界。我们在向伍连德这位英雄表达敬意的同时，也不应忽略他为人夫、为人父的那份悲喜。那些与亲情相关的平凡瞬间，同样是伍连德人生中不可或缺的部分，值得我们去关注和珍视。伍连德这位杰出的医学家和学者，其成就背后，是两位夫人的支持和付出。

他的第一任夫人黄淑琼，是一位温婉贤淑的女子，出身于一个不平凡的家族。黄淑琼的三叔父黄乃模，从北洋水师学堂毕业后投身军旅。在1894年中日黄海海战中，他作为邓世昌的副管带，与"致远"舰上的官兵一同为国捐躯。她的父亲，也就是伍连德的岳父，是福建著名的爱国民主人士黄乃裳。作为戊戌维新的志士和辛亥革命的先锋，黄乃裳不仅是爱国华侨的领袖，而且是清末民初重大历史事件的亲历者和推动者。他亲身参与了公车上书、戊戌变法和辛亥革命等重大事件，并以身作则，鼓舞乡亲。他率领福建移民在南洋开垦荒地，主持创建了著名的"新福州"垦场，不仅为侨民提供了物质生活保障，也为侨民的安身立命提供了基础。他深知教育的重要性，积极推动教育革新，创办刊物，呼吁富民强国、男

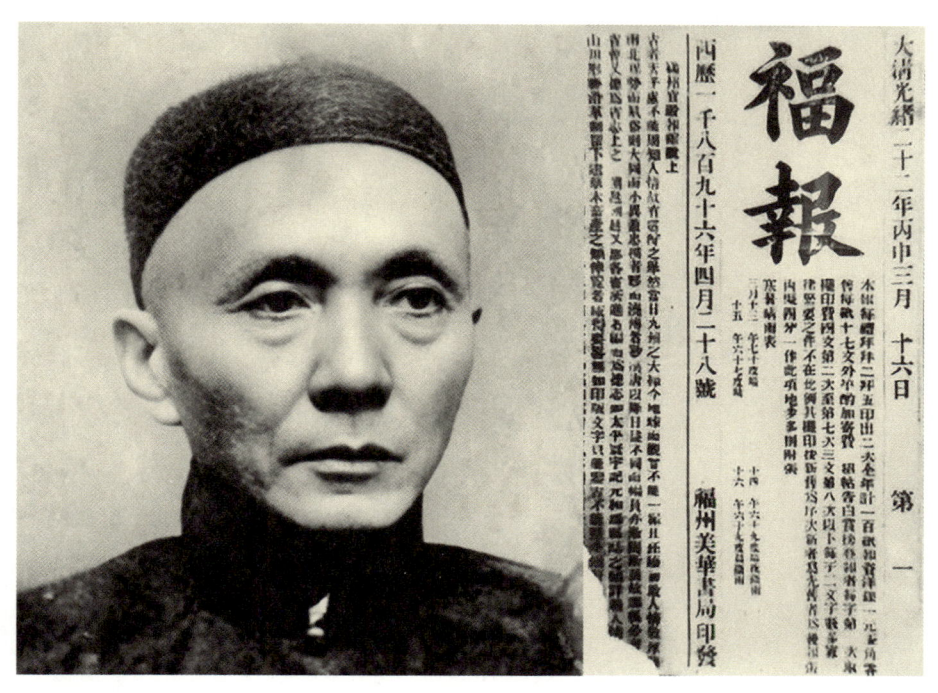

黄乃裳（1849—1924），于 1896 年 4 月 28 日创办福建近代第一份报纸——《福报》

女平等。他的思想和行动影响了无数人，是近代著名的教育家和革新者。1924年，黄乃裳在福建老家病逝。为了纪念他的贡献，人们特意将当时福州南台的万侯街改名为"乃裳路"。三十多年后，马来亚诗巫市也将新建的一条大街命名为"黄乃裳路"。

黄乃裳共有七个儿子和四个女儿。他的儿女们在他的悉心教导下，接受了良好的教育，并且享有自由恋爱的权利。他们不仅在各自的领域里取得了杰出成就，更重要的是，还继承了父亲的教育理念和爱国精神，为国家和民族的发展贡献了自己的力量。他的大女儿黄端琼，嫁给了时任中华民国临时政府内务部卫生司司长，并兼任孙中山先生的保健医生——林文庆博士。林博士曾受华侨领袖陈嘉庚的邀请，长期担任厦门大学的校长，为教育事业做出了杰出贡献。他也是伍连德与黄淑琼的"媒人"，当年，

马来西亚诗巫黄乃裳中学

福州黄乃裳纪念馆

刚从剑桥毕业回到马来亚的伍连德在林文庆家中小住，就是在这期间，他与黄淑琼发展出了感情。之后两人结为夫妻，共同为公共卫生事业奉献自己的力量。黄乃裳的三女儿黄珊琼的丈夫是燕京大学的陈其田教授，他们在学术的殿堂里相互扶持，共同追求知识的真理。小女儿黄伍琼，嫁给了北京医院的名誉院长，同时也是邓小平的保健医生——吴蔚然博士。而黄伍琼自己也是协和护校的校长，以及儿科的主任，她在医学领域取得了卓越的成就，为无数儿童带去了健康与希望。

黄淑琼就出身于这样一个不同寻常的家族。她生于1884年，在她成年时，父亲已经是举人出身的维新派社会活动家了，他结交了"戊戌六君子"，向李鸿章、翁同龢讲述新学，后来还成为在南洋垦荒创业的实业家。而她的三叔黄乃模是"致远"舰副管带，协助管带邓世昌，在1894年中日甲午战争中壮烈殉国，被清政府追封为三品参将，赠武威将军。有如此家庭和教育背景的女孩，追求者必然不在少数。伍连德在自传里写道，黄淑琼"百里挑一的娴雅美丽，在富家未婚男子中已广为人知。不少人前来求婚，或拜托媒人，或亲自登门拜访"。而伍连德认为当时的自己则是"除了取得更高的学历外别无长处，而且前途未卜"。然而，彼时刚刚走出校园、尚未找到稳定工作的伍连德，竟然赢得了名门黄家的二小姐黄淑琼的芳心，这背后除了他作为剑桥"学霸"所展现出的卓越才华和青年才俊的气质，还因为他们有着极为相似的家庭背景和血脉相连的关系。黄淑琼的三叔黄乃模是北洋水师"致远"舰的副管带，而伍连德的舅舅们则在清朝水师服役。其中，他的二舅林国祥，曾是邓世昌的同学，担任过广东水师"广乙"舰的管带；三舅林国裕是邓世昌的下属和黄乃模的战友，在甲午海战中英勇殉国。长辈之间有着过命的交情，若他们的后辈能够结识，彼此之间自然更加亲近。父辈之间深厚的情谊让伍连德和黄淑琼加深了了解和信任，也为他们的婚姻增添了一条特殊的情感纽带。

1903年，黄淑琼与伍连德初识，两年后于新加坡完婚。1906年，两人的长子伍长庚早产于槟城情人巷的家中。两人对这个男孩的出生无比欣喜，也对儿子的茁壮成长充满了期望。1910年，他们的第二个儿子伍长福出生于天津。此时东北暴发烈性传染病，朝廷需要一名专家前去调查病源并扑灭疫情，富于冒险精神、对医学未知领域充满探索欲的伍连德，毫不犹豫地接受了任务。得知丈夫要去东北防控瘟疫，黄淑琼无法掩饰自己的忧虑，但最终还是表示了支持，并让丈夫感到，妻子对自己的学识和医术充满信心。1911年，两人有了第三个儿子伍长明。

然而，命运对伍连德和黄淑琼并不宽容，他们的三个儿子中，只有长子伍长庚长大成人并完成了全部学业。三儿子伍长明出生时，伍连德正在东北鼠疫前线艰难抗疫，未能见证长明的出生，6个月后，伍长明因所食用的炼乳不洁而感染了细菌性痢疾，死于天津东门的金韵梅医院，而当时的伍连德正为了查清鼠疫源头，前往西伯利亚进行调研。三子出生和去世，伍连德都不在，只有黄淑琼独自承受丧子之痛。如果那时伍连德能留下来照顾家庭，相信这位传染病专家能轻而易举地治好孩子的病，避免悲剧发生。但没人知道，要是没有伍连德，当年东北的鼠疫会发展成什么样，可以说，他是成全了抗疫而牺牲了儿子，"鼠疫斗士"立下的功劳、获得的荣誉，有一半归功于黄淑琼这个贤内助。

二儿子伍长福是伍连德认为三个男孩中最出色也最健康的一个，毕业于天津南开中学。不幸的是，伍长福16岁时，一次踢足球后得了感冒，尽管被送往北京协和医院，得到了医师和护士的专业照料，但还是死于肺炎并发症。那一年是1925年，伍长福仅仅16岁，他的去世给了伍氏夫妻非常沉重的精神打击。

悲痛中的伍连德仍坚定地走在医学之路上。在这个艰难时期，他的第二任夫人李淑贞成为他生活中新的支持。伍连德与黄淑琼十分恩爱，但由于黄淑琼身体羸弱，无法时刻跟随伍连德四处奔波，加之子嗣凋零，也许

1911年，东北抗疫凯旋，伍连德身着礼服、佩戴勋章和夫人黄淑琼摄于天津小白楼某照相馆

伍连德、黄淑琼夫妇与长子长庚、二子长福合影（组图）

二人经过了一番艰难的探讨商议，真相为何我们不得而知，但在民国时允许另娶"平妻"的情况下，在二儿子伍长福去世后，伍连德又娶了一位夫人——李淑贞。他们于1925年10月在东北结合。此后李淑贞一直跟随伍连德在外奔波，为其育有五个子女，分别是长女玉玲、次子长生、三女玉珍、四子长员及幼女玉珠。李淑贞是一位豁达开朗的女子，她不仅照顾孩子，还协助伍连德处理各种事务。她的乐观和坚韧为伍连德提供了力量，陪伴他直到晚年。相比于黄淑琼所生的三子，李淑贞所生的这五个孩子无疑要幸运得多，正如伍连德所说："他们不像我的第一次婚姻所生的三个男孩，他们平添了我们晚年的慰藉。"这或许也是上天对防疫先驱伍连德的眷顾吧。

1950年，伍连德与第二任夫人李淑贞及子女合影。后排从左到右为伍玉珍、伍长生、伍玉玲，前排左一为伍玉珠，前排右一为伍长员

黄淑琼和李淑贞从未见过面。由于父亲黄乃裳从旧学转向新学，黄淑琼所受的教育也是新旧兼备，中西合璧。这样的教育，把她培养成了一位非常自尊和自爱的女性，她具有强烈的自我意识和自主性，对自己的生活和价值观有着清晰的认识，尽管从未与李淑贞见面，但黄淑琼对伍连德另娶平妻一事欣然对待。由于黄淑琼生了三个儿子，没有女儿一直是她的遗憾，于是她与伍连德相约，如果第二个夫人第一胎生的是女儿，便也是黄淑琼的女儿。黄淑琼一直独自居住在北京，她幼年在福州上学时得过肺结核，后来她的颈部淋巴结也明显肿大，多次手术后仍会复发。每天在自家花园里晒太阳，便成为她的日常疗养之法。北京有充足的阳光照射，这对黄淑琼来说是比较适宜的。当伍连德与李淑贞的长女伍玉玲出生后，伍连德便决定，每年暑假都带着她前往北京，与黄淑琼相聚。对伍玉玲，黄淑琼视如己出，倾注了无尽的关爱和教导。她在学术和技艺上给予了伍玉玲精心的指导，更在人格和修养方面为她树立了榜样。她亲自教导伍玉玲英文、书法、烹饪技艺，以及社交礼仪和辨别是非的能力。黄淑琼的教导让伍玉玲在各个方面都取得了长足的进步，逐渐成为一位才貌双全、知书达礼的大家闺秀。在相聚的日子里，伍玉玲与黄淑琼建立了深厚的情感，她一直亲切地称呼黄淑琼为"北京妈"，这份亲昵的称呼不仅体现了她们之间的深厚情谊，也给予了长期患病的黄淑琼无尽的温暖和力量。在黄淑琼的陪伴和关爱下，伍玉玲度过了一个又一个快乐、充实的暑假。这些时光不仅成了她们共同的美好回忆，更为黄淑琼在病痛中的日子带来了许多欢乐和慰藉。

在伍连德的事业中，黄淑琼起到了举足轻重的作用。她不仅在家庭中给予了伍连德极大的支持，还积极参与伍连德的各项事业。1911年，伍连德因成功防控鼠疫而声名大噪，成为北洋政府和南京国民政府争相拉拢的人才。他先后在医疗卫生系统担任要职，黄淑琼便随他迁居北京东堂子胡同。然而，对伍连德这位医学家而言，做官并不比防控疫情轻松。此时，他的结发妻子黄淑琼，这位出身名门的才女，为他提供了各种宝贵的支持。当伍连德常年在东北主持传染病防控工作时，黄淑琼便代他在北京家中处理事务，她凭借聪明才智和优雅气质，助力伍连德在医学领域取得卓越成就。独自在京的黄淑琼不仅宴请宾客，还积极拓展社交圈。她自幼在教会学校学习，英文水平很高，由于她通晓英文，常受邀参加各种社交活动。一位美国公使夫人甚至每次周末聚会都会特意邀请她去帮忙招待客人。此外，伍连德曾主持或参与创建了国内的数十家医院、医学院和科学团体。这些平台的搭建，离不开各种人、财、物的整合及关系的协调。在这个过程中，黄淑琼始终陪伴在伍连德身边，为他出谋划策、排忧解难。她的支持和协助对伍连德的成就起到了不可或缺的作用。

由于健康原因，黄淑琼大部分时间都静处于宅邸的花园中。她一直阅读中文和英文的书籍，手不释卷，这也为她日后的写作打下了基础。黄淑琼以中国四大美女的传说故事为题材进行了英文书籍创作，使用的笔名是"淑琼"。她白天伏案写作，黄昏后还要坐在床上，倚着靠垫再写作几个小时。十年中，她陆续完成了该系列中的三本书：第一本《杨贵妃》，1924年同时在上海、伦敦和纽约出版；第二本为《西施》于1931年问世；第三本《昭君》于1934年出版。三部英文著作得到广泛的好评，但她还没有来得及完成四大美女传说故事的最后一部《貂蝉》，便于1937年病逝了。

对妻子所做的一切，伍连德心中充满感激和敬意。他明白，正是黄淑琼的支持和牺牲，才让他能够心无旁骛地投身工作中。而这种相互扶持、共同成长的婚姻生活，也成为他们爱情中最宝贵的财富。他在自传中写道："如果说我们这种出于相互爱慕的婚姻生活完美无缺，那并不正确。由于我经常不在家，露芙（黄淑琼）经常被留在孤寂的北京家中，但她以勇敢的精神面对了各种困难……我养成了一个习惯，无论去哪里，都会给她写信，介绍我在工作和考察过程中遇到的会让她感兴趣的事物。当我们还年轻时，我们经常一起享受旅游之乐……"

黄淑琼与友人合影

| 14. 家庭与亲情的纽带：家庭故事与情感世界 | 235

黄淑琼所著四大美女小说的前三部《杨贵妃》《西施》《昭君》，第四部《貂蝉》未完成（组图）

伍连德在自传中用了四节内容来缅怀黄淑琼，流露出对结发妻子深深的思念和感激之情。他对黄淑琼的怜惜之情，也溢于字里行间，为了维护妻子，甚至不惜"冒犯"老岳父。"她在一个保守的学者家庭的深闺中长大，耳濡目染的是儒家传统的孝道、严格的家教与闺训，她坐着无靠背的凳子，伏在桌子上连续学习几个小时，还要随时照料严厉的父亲，为他端茶送水或找出他想要的书，形如婢女……"对于清末仍然残留的女性缠足陋习，伍连德也是深恶痛绝，因黄淑琼幼年时未能幸免，后来放开时，脚已畸形，无法恢复本来形状。

在伍连德后人保存的影集中，有一本特别的私家照片集，几乎囊括了伍连德为黄淑琼拍摄的所有照片。这本影集充满了他们夫妇间的爱与深情。这些照片中，黄淑琼的站姿、坐姿、正面、侧身等各种样态都被伍连德巧妙捕捉，每一张都充满感情和生活气息。这些照片不仅展现了黄淑琼的优雅和美丽，更反映了伍连德对妻子的深情眷恋。值得一提的是，这些照片的装帧也是伍连德亲自设计的。他精心挑选相框，仔细粘贴照片，确保每一张照片都能完美地呈现黄淑琼的美。这些细致入微的工作，体现了伍连德的细心和才华，更展现了他对妻子的深情厚谊。这200多幅照片，不仅记录了他们的日常生活和快乐时光，也见证了他们深厚的感情和默契。作为民国时代的"拍妻狂魔"，伍连德用镜头捕捉了妻子的每一个美好瞬间。

伍连德在事业上荣耀非凡，但他对子女而言，与其他平凡的父母并无二致。伍连德深知教育的重要性，因此他非常注重对孩子们的培养。他不仅关心孩子们的学业，还注重培养他们的品德和责任感。孩子们在父亲的教诲下茁壮成长，成为各个领域的杰出人才。

伍连德与黄淑琼的三个儿子，只有长子伍长庚长大成人并完成了学业。伍连德一生以推动中国公共卫生事业为己任，但自己却是中国早年公共卫生不健全的受害者之一——小儿子伍长明在1910年因细菌性痢疾夭亡，当时的伍连德特别希望唯一幸存的儿子长庚能继承公共卫生这门事

黄淑琼倩影（组图）

业。承载着父亲的殷切期望，伍长庚于1925年9月与清华同窗高士其、汤佩松、王造时等人一同踏上了赴美留学的旅程。在美国的求学岁月中，他展现出卓越的学术才华，相继获得了约翰斯·霍普金斯大学的文学学士学位、耶鲁大学的哲学博士学位和公共卫生学博士学位及罗切斯特大学的医学博士学位。之后，他又远赴英国伦敦深造，荣获公共卫生学文凭，不断丰富自己的知识体系。当伍长庚在1928年顺利获得约翰斯·霍普金斯大学文学学士学位的喜讯传回国内时，他的母亲欣喜万分，赠予他一辆汽车作为奖励。然而，这辆汽车却意外地引来了一些不良影响，使得伍长庚的学业受到了干扰，甚至出现了挂科的情况。面对这一局面，他的父亲果断地卖掉了汽车，并请来了耶鲁大学的公共卫生专家温斯洛教授对伍长庚进行更为严格的教导。从伍连德与温斯洛教授的书信往来中，我们可以了解到伍连德作为一位父亲的心态和情感。他所给予的父爱与普通人并无二致，充满了对子女的关心和期望，他也像普通人一样对孩子的成长有着焦虑和疑惑，更有名师出高徒的恳切愿望。

在温斯洛教授的悉心指导下，伍长庚成功转入耶鲁大学公共卫生学系，开始攻读博士学位。他重新调整了学习态度，以更加严谨和专注的精神面对学业，最终顺利获得了博士学位。在温斯洛教授的持续鼓励下，伍长庚并未止步，选择继续深造，最终又成功获得了罗切斯特大学的医学博士学位，为自己的学术生涯再添一笔亮色。1935年，伍长庚学成归国。他选择回到北平，加入了市政府卫生局，并被委以重任，担任流行病部门的负责人。他利用自己所学的专业知识，为国家的公共卫生事业贡献着自己的力量。无论严冬酷暑，他都坚持深入北平城内和郊区的平民区进行巡访，实地了解民众的卫生状况，为改善公共卫生环境不懈努力。伍长庚就职的北平市卫生局第一卫生区事务所是协和医学院公共卫生系与市卫生局共同合作的一个重要机构，他不仅在第一卫生区事务所内担任要职，还在协和医学院公共卫生学系兼任教职，传授自己的学术知识和实践经验。值

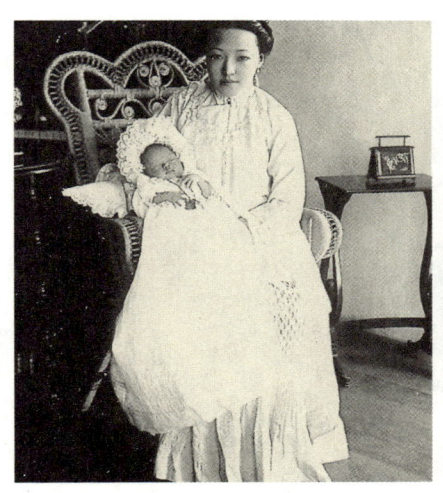

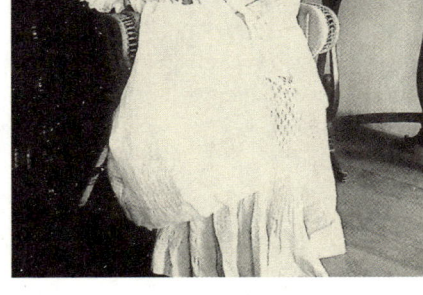

1906年黄淑琼与襁褓中的伍长庚　　　　1岁多的伍长庚

得一提的是，他的父亲伍连德也曾在协和医学院讲授过公共卫生学课程。父子二人同登讲台，共同致力于公共卫生教育事业的发展，一时传为佳话。

1936年，经友人引荐，伍长庚邂逅了许琇琳小姐。彼时的许琇琳，还名为许琇琼，是石家庄市家喻户晓的美人。她温婉贤淑、气质如兰，然而新闻记者的偷拍却让她与家人不胜其扰。许琇琼的父亲许庆松是福州闽侯人，曾到法国攻读土木工程，归国后担任正太铁路总工程师，举家定居于石家庄。这件事传到同为福州人的黄淑琼耳中，她欣然亲赴石家庄拜访许家，一见许家小姐便心生欢喜，当即为伍长庚订下这门亲事。因许琇琼与未来婆婆黄淑琼的名字中有一字相同，祖父许寿仁便为她更名为"许琇琳"。1937年6月19日，伍长庚与许琇琳的婚礼在北京协和医学院礼堂隆重举行，燕京大学校长司徒雷登担任婚礼主持人，见证了这对璧人的幸福时刻。婚后，他们的生活甜蜜而温馨，分别于1938年6月和1939年12月迎来了女儿伍美瑞和大儿子伍忠豪的降生。然而，命运弄人，他们的小儿子伍忠杰不到18个月便夭折了。1942年，北平霍乱肆虐，伍长庚投身防治工作，却不幸染病，同年11月离世。他的英年早逝，令父亲伍连德痛彻心扉。然

北平市卫生局第一卫生区事务所全体职员合影，前排左七为伍长庚

而，在这份深切的悲痛之外，作为"国士"的伍连德也感到一丝慰藉。因为他所开创，并由长庚为之献身的中国公共卫生事业，正逐渐受到社会的广泛关注和认可。伍长庚没有白牺牲，他的精神将永远激励后来者继续前行。恰如伍连德所言："随着更多训练有素的年轻男女投身于科学之事业，我仿佛已能看到世界更加和平与理性的那一天。"

在伍连德与李淑贞的子女中，长女玉玲才华横溢，曾在新加坡师范学院任教，并长期定居于新加坡。2006年，她怀着对故土的深情厚谊回到祖国，慷慨捐赠了她和弟弟共同收藏的父亲所获得的珍贵勋章等文物，为国家的文化遗产保护做出了贡献。次子长生则专注于法学领域，通过不懈努力，富有正义感的他于1956年起担任律师，以专业知识为社会提供法律服务。三女玉珍在怡保修道院接受教育后，选择了教师这一神圣职业，致力于培养下一代。四子长员在学业上同样出类拔萃，他毕业于现今享有盛誉的香港大学医科，为医学领域注入了新的活力。而幼女玉珠在伍连德撰写自传时，年仅17岁，尚在英文学校就读。

伍连德的家人们一直坚定不移地支持他的各项事业，其子女们也在伍连德的影响下努力地为社会做贡献。亲朋们的风雨同舟，携手并肩，鼓励相伴，让伍连德勇往直前，迎接各种挑战，完成各种使命。伍连德以其崇高的使命感和责任感，为中国现代医学的肇启立下功勋，他的不朽业绩和爱国情怀值得后人缅怀。

得之于人　用之于世

医学家伍连德自述

　　光阴荏苒，转瞬间余五十有二年矣！回忆曩时青年气象，凡事直前，见义即趋，虽有若干困难，若干阻碍，心胆毅力从未为之沉降焉。

　　余于一八七九年生于英属之南洋槟榔屿，为马来群岛之地，自一八八六年至一八九六年间，凡十载，肄业于槟榔屿之免费学校。在校中获奖甚多，奖中之著者，即王后学奖，获此奖之候补者须赴新加坡考试凡三次，始克奏成功，得赴英国留学，直升入剑桥之伊曼纽尔学院。此校学奖每年二百镑英金，以此数作为英国留学费，在当日情形亦不过足供学生一年之用而已，但余力尚节俭，且能避种种奢华，遂得以松容度学。

　　一八九九年九月赴英京，获得英国大学为毕业生实习所开之伦敦玛丽医院奖，此奖金仅足敷在该院三年研究学费之需。经此一番切磋之经验，对于人生问题，为之广开眼界，从事医学一门，更觉兴趣至极，故对于吾国之改良医学尤觉刻不容缓之急务焉。

　　在英伦首府二载有余，遂于一九〇二年四月，在剑桥得医学学士学位，为一百三十五生徒中之独秀者。伊曼纽尔母校，又偿给每年百五十英镑研究奖学金（一九〇二年至一九〇三年）从事各种研究，乘此一年研究之机会，在利物浦热带病学校，其次又继在德国，最后于巴黎巴斯德研究所，会心研究，津津有味。钦感世界名著诸博士之教训，恨不能将所学之经验贡献于后学者。

　　余回英国时，用余所著之破伤风研究为投获博士学位之论文，又于一九〇三年回南洋遂在此研究脚气，又于一九〇四年至一九〇七年计三年间，在槟榔屿悬壶行医，虽营业日盛，吾念仍欲利用素来经验贡献国家，而决不视区区治疗获利为天职也。一九〇五年七月，与黄淑琼（福州人黄乃裳之第二女）结婚，余第一次与女士相遇于新加坡名医林文庆之家，彼此一见如故，遂洽结完美之伉俪矣。

余第一次回国，时为一九〇七年七月。余复往英伦及柏林等处考察陆军医学事宜，次年仍赴北京，继聘余为北洋陆军医学校帮办之职，一九一〇年十二月间，东三省肺病流行猖獗，本地官绅及汉腐庸流均以束手难防此种实性传染之流毒，吾国既无适宜御防之策，又恐日俄派遣医员及陆军逞其野心而越俎代庖，当时吾国施君肇基为交涉委员，招余襄助防疫，谋赶急赴哈尔滨疫区，余遂发起开会研究，共谋以学理经验防范之策，众举余任全权总医官，凡任用医员及指挥军警等破天荒之防疫法，均经政府特准照办，毅然进行。一切医员及助手热心从公。惟此次大疫蔓延，总计杀去生命六万有奇！

此次办理大疫防务成功，组织奉天鼠疫研究大会，于一九一一年四月举行，招集十一国专门名流莅会讨论一切善后，余被举任会长职务，专同议决组织东三省防疫事务总处，研究此疫及御防将来流行，其后清政府赐予陆军蓝顶军衔，俾余就便与谒见政府当局便宜行事，又赐进士出身，俄政府赏给二等勋章，法政府亦赐奖优衔。

东三省防疫事务总处，遂于一九一二年落成，总医院建于哈尔滨，分院设于满洲里、三姓、拉哈苏苏、大黑河及牛庄，尚有互助之医院设于安东、海拉尔及齐齐哈尔，本总处办理防鼠疫收容患疫者外，更加防治霍乱、天花、猩红热、伤寒等传染病，兼治疗普通内外诸科各症，并制造霍乱、鼠疫、疯狗、猩红热等血清菌苗防液，又从事化验细菌化验食品饮料秘售药料等，为地方政府助理卫生事宜。总处之开设，自一九一二年以来，节节进行无时或已，人体解剖亦由部令颁准。一九一九年设中央防疫处于北京。

论及余个人之成绩，于一九一一年蒙政府派赴海牙鸦片会议三员中之一，代表政府画押签字。次年又赴欧洲会同前国务总理颜惠庆出席第二次海牙鸦片大会。一九一一年革命倡义，余被任为大总统政府侍从医官。第二次中华医学会，于一九一六年在上海举行，余被举为会长。余在席上，曾提倡谓凡掌理医校者，宜注重公共卫生之教授，因此科对于人生较治疗收效伟大故也。在一九一五年，余提议曰：建一模范大医院于京城腹地之为妙，周公学熙将盐余税款顺下之十二万六千元由董事会拨出，此为北京中央医院创办之胚胎也。后余被举为该院组织者及院长，此中所经艰苦，即罄尽南山之竹亦不能备述一切。计中央医院建筑费约二十万余元，即于一九一八年纠了正式开幕，诚为吾国最新极宏之医院。

一九一九年又在东三省御防霍乱之大流行，次年于同省又发现第二次肺疫流行，尚幸此疫流行时，本处早经种种设备，疫氛难呈其猖獗，而疫死者不过八千名，比之一九一〇至一九一一年间之疫死亡数六万有天渊之别也。况此疫系隔第一疫约十年后，人口已倍增，死者反大减。本处各医官于防疫之余，研究疫学病理，编成科学报告，现下世界亦公认吾等之研究成绩，谓蒙古产旱獭，已由政府下令弛禁猎獭。

一九二二年蒙上海圣约翰大学赐予理科博士学位，翌年奉天督军张作霖委余建筑东北医院于奉垣，此院宏大，计能收容病者五百名。一九二四年八月又获洛克菲勒基金万国卫生部之学奖赴美留学，在约翰斯·霍普金斯大学之卫部学习一年，研究最新卫生学，得公共卫生硕士学位。顺道游学各国卫生研究机关，考察卫生医术事宜，又将防治小儿猩红热之新法及材料携回吾国施用于东三省，近几年流行猖獗之恶性猩红热症，至今继续施行此法，效验宏富，将来尚不知吾国于无形中而救回多少生命矣。

余著有肺疫论文，此书自一九一一年动笔，自一九二六年告成，递送日本东京帝国医科大学加以评词，旋蒙赐余日本医学博士学位，此学位之尊崇向来不给外人而惠给于余者乃第一次也。此书颇蒙各国所爱重，于一九二六年五月，经驻瑞士日内瓦国际联盟会印刷出版以供世界研究斯学者披阅焉。

一九二七年春季，应国际联盟会卫生部之聘请赴欧洲各国有名研究所考察医事及卫生事宜，而获完满之快慰。余于是年十二月前往印度，邀同吾国代表二人共同出席第七次远东热带病学会。

今结此编而摄述之，余曾发起组织中华医学会又曾将关于医术科学之著作并扬载于美欧日诸杂志医报，又曾赴欧亚马来各处及伦敦美国中日各医学会之演讲，常欲与诸同志互相切磋交换知识，以扩见闻贡献吾国也。盖以我国乃数千年老大古国，文化事业反不若他国，正宜竞竞力图进取，与诸国同占同等之地位，共享民生幸福，望诸吾国实业农工商学等热心同侪，从此共勉进行，诚不难与列强并驾齐驱。欲达此目的，亟宜取外之长补我之短，择其善者而从之，尚科学之研究，根本之追求，扫除陋俗恶习，戒绝奢华之风，求实际，尚恭谨；国由此强，家从而富。藉缮个人自述之余，而企同志共勉图之。

发表于1931年《良友》第五十八期

黄建堃摘编